MÉTAMORPHOSES
메타모르포시스

메타모르포시스

생명의 순환

초판 1쇄 인쇄일 2025년 5월 23일   초판 1쇄 발행일 2025년 5월 30일

지은이 에마뉘엘레 코치아 | 옮긴이 이아름
펴낸이 박재환 | 편집 유은재·신기원 | 마케팅 박용민 | 관리 조영란
펴낸곳 에코리브르 | 주소 서울시 마포구 동교로15길 34 3층(04003) | 전화 702-2530 | 팩스 702-2532
이메일 ecolivres@hanmail.net | 블로그 http://blog.naver.com/ecolivres | 인스타그램 @ecolivres_official
출판등록 2001년 5월 7일 제2001-000092호
종이 세종페이퍼 | 인쇄·제본 상지사 P&B

ISBN 978-89-6263-310-8 93160

책값은 뒤표지에 있습니다.   잘못된 책은 구입한 곳에서 바꿔드립니다.

메타모르포시스

에마누엘레 코치아 지음 | 이아름 옮김

생명의 순환

에코리브르

메타모르포시스의 여왕, 내 딸 콜레트에게

나는 모든 것이다. 왜냐하면 나는 끊임없이 이어지는 생명의 흐름일 뿐이기 때문이다. 나는 불멸한다. 왜냐하면 한순간 존재했던 물고기의 죽음부터 제우스의 죽음까지, 모든 죽은 것들이 내 안에 모여들기 때문이다. 그렇게 내 안에 모여 그 죽은 것들은 되살아난다. 특정 개체의 생명으로서가 아니라, 두렵지만 그래서 자유로운 생명으로.

-주세페 토마시 디 람페두사(Giuseppe Tomasi Di Lampedusa)

차례

•

서문

•

생명의 연속성

태초에 우리는 모두 같은 생명체였다. 우리는 같은 몸을 공유했고, 같은 경험을 했다. 그 이후로도 상황은 크게 다르지 않았다. 우리의 형태와 존재 방식은 다양해졌다. 하지만 오늘날에도 여전히 우리는 같은 생명이다. 수백만 년 동안 이 생명은 몸에서 몸으로, 개체에서 개체로, 종(種)에서 종으로, 계(界)에서 계로 이어져왔다. 물론 생명은 자리를 바꾸고 형태를 바꾼다. 그러나 살아있는 모든 존재가 지닌 이 생명은 생명체 자신의 탄생에서 비롯한 것이 아니다. 그 생명은 훨씬 더 오래된 것이다.

우리 존재를 살펴보자. 우리가 우리 안의 아주 내밀하고 양도 불가능한 무엇이라 상상하는 생명은 우리 자신에게서 기원하지 않으며, 전혀 독점적인 것도 개인적인 것도 아니다. 우리 생명은 타자가 전해준 것이며, 우리를 맞아들인 이 몸이 아닌 다른 몸, 다른 물질 일부를 살아 움직이게 했던 생명이다. 아홉 달 동안 우리를 살아있게 하고 결국 우리를 깨어나게 해준 바로 그 생명이 우리 자신에게 속할 수도 우리 것이 될 수도 없다는 점이 물리적·물질적 증거였다. 우리는 우리 어머니와 동일한 몸이었고, 동일한 체액이자 동일한 원자였다. 우리는 다른 곳으로 이어지고 이끌려 타자의 몸을 공유하는 그러한 생명이다.

다른 이의 숨이 우리의 숨으로 이어지고, 다른 이의 피가 우리 혈관 속을 흐른다. 다른 누군가가 우리에게 DNA를 물려주었고, 그 DNA가 우리 몸을 빚어낸다. 우리 생명이 우리의 탄생 이전에 시작된 것이라면, 그 생명은 우리의 죽음 이후에도 진정 끝나지 않는 것이다. 우리의 숨은 우리 시체 속에서 사그라지지 않을 것이다. 그 숨 속에서 거행할 성체성사에 찾아온 모든 이를 먹여 살릴 것이다.

우리가 지닌 인간성은 더 이상 인간 본래의 것도, 인간 스스로 만들어낸 것도 아니다. 그 또한 이전 생명의 연장이자 메타모르포시스(métamorphose)˙다. 보다 구체적으로 말하면, 인간성이

● 이 책의 원제이기도 한 'métamorphose'는 우리말로 변신·변모·변형·변태·탈바꿈 등으로 옮길 수 있다. 카프카의 유명한 소설 《변신》의 제목도, 애벌레

란 영장류라는 생명의 또 다른 한 형태가—그들의 몸으로부터, 그들의 숨으로부터, 그들의 DNA와 그들 삶의 방식으로부터— 창조해낸 것이다. 그들이 품어 생기를 불어넣었던 생명이 새로운 방식으로 존재하도록 하기 위해서다. 이 인간이라는 형태를 우리에게 전달해준 것도 그들이며, 인간이라는 생명 형태를 통해 우리 안에서 계속 살아가는 것도 그들이다. 게다가 영장류 자체도 다른 종들이, 생명의 다른 형태들이 시도한 실험이자 도전이다. 진화란 공간이 아닌 시간 속에서 펼쳐지는 가면무도회와 같다. 이 과정에서 모든 종은 자신을 낳은 종과는 다른 새로운 가면을 쓰며, 자손들은 부모 세대를 알아보지 못하고, 부모 세대도 자손들을 더 이상 알아차리지 못한다. 그러나 이러한 가면의 변화에도 불구하고, '어머니 종'과 '딸 종'은 모두 같은 생명의 메타모르포시스다. 각 생물종은 모두 다른 종들에서 떼어온 조각들로 만든 패치워크인 셈이다. 우리, 살아있는 종들은 서로

가 나비가 되는 '변태' 작용도 모두 프랑스어에서 이 단어로 표현된다. 우리를 포함해 존재하는 모든 것이 끝없이 형태를 변화해가며 존재하는, 한 거대한 생명의 '메타모르포시스(metamorphosis)'임을 일깨우는 것이 이 책의 주제라고 할 수 있다. 프랑스어 발음을 그대로 적으면 '메타모르포즈'이나, 라틴어에서 유래하는 metamorphosis가 현대 영어에서도 변신과 변태를 아우르는 의미로 통용되므로, '메타모르포시스'로 표기해 이 단어의 다중적 의미를 담아보려 한다. 문맥에 따라서는 변신·변모·변태 등으로 옮겼다. (이하 각주는 모두 옮긴이 주다.)

서로 그 조각들을, 혈통과 몸의 기관들을 절대로 멈추지 않고 교환해왔다. 우리 각각의 존재가 속한, 이른바 '종(種)'은 한 생명체가 다른 생명체로부터 빌려온 기술의 총체일 뿐이다. 바로 이러한 변형 속 생명의 연속성이 있기에 모든 종은 수백 가지 다른 종들과 무수한 특질을 공유하는 것이다. 눈과 귀, 코가 있으며 폐를 가지고 있고 온혈이라는 점을 우리는 수백만의 개체들, 수천 종의 생명체들과 공유한다. 그리고 우리는 이 수많은 생명의 형태들 가운데 작은 부분을 차지하는 인간일 뿐이다. 각각의 종은 그 이전에 존재했던 모든 종의 메타모르포시스다. 하나의 같은 생명이 이전과 다르게 존재하기 위해 새로운 몸과 새로운 형태로 자신을 만들어가는 것이다.

종은 실체, 실재하는 개체가 아니다. 이것이 다윈식 진화론의 가장 심오한 의미이며, 생물학과 공적 담론이 들으려 하지 않는 것이다. 종은 '생명의 놀이'다(우리가 '언어 놀이'라고 말할 때와 같은 의미다). 생명은 이 형태에서 저 형태로 여러 형태를 경유해 돌고 돌길 바라기에, 종은 필연적으로 잠시 있다 사라질 뿐인, 생명의 불안정한 구성체(configuration)일 뿐이다. 우리는 아직도 다윈식 통찰이 귀결하는 모든 것을 이끌어내지 못했다. 종들이 계보학적으로 연결돼 있다는 것은 단순히 생명체들이 거대한 가족 또는 부족을 이룬다는 뜻이 아니다. 무엇보다 종의 동일성은 순전히 상대적이라는 의미다. 원숭이가 조상이고 인간이 그 후손이라면 우리는 원숭이에 의해서만, 원숭이와 마주할 때만 인간일 뿐이다. 마치 우리가 절대적으로 자식인 것이 아니라, 부모와의 관계 속에서만 자식으로 존재하는 것과 같은 이치다. 특정한 종의 농일성은 그저 다른 종들과의 연속성(그리고 메타모르포시스)이라는 형식을 정의한다.

이러한 고찰은 살아있는 것 모두에 적용된다. 생명체와 비생명체 사이에는 어떤 대립도 존재하지 않는다. 모든 생명체는 비생명체와 연속성을 가질 뿐 아니라 그것의 연장이자 메타모르포시스이며 가장 강렬한 발현이다.

생명은 언제나 비생명체의 환생, 무기물의 조립(bricolage), 한 행성의 토양을 이루는 실체—가이아(Gaïa), 즉 지구—의 카니발이다. 이것은 잡다한 것으로 뒤얽힌 자기 몸의 가장 작은 입자들 속에서까지 끊임없이 자신의 모습과 존재 방식을 다양하게 변화시킨다. 각각의 나(moi)는 지구를 위한 운송체, 행성이 자리를 옮기지 않고도 여행을 떠나게 해주는 배다.

우리 안의 여러 모습

소셜 네트워크 시대가 도래하기 훨씬 전의 일이다. 그 당시에는 자기를 스스로 찍은 사진이 드물었다. 사진은 특별한 순간들을 망각에서 구해냈고, 삶의 색채와 빛을 흡수해 그 삶을 구현했다. 커다란 앨범 속에 하얀 종이를 덧대 보관한 그 사진들을 우리는 좀처럼 펼쳐 보지도, 누군가에게 보여주지도 않았다. 마치 후계 자만이 펼쳐 볼 수 있는 성스러운 책이라도 되는 것처럼. 보통 이 앨범에 글이 적혀 있지는 않으나, 그것을 펼쳐 보면 언제나 긴 설명이 따라붙곤 했다. 왜냐하면 그 추억의 페이지를 들여다 보는 것은 잊고 싶은 진실을 매번 다시 마주하는 일이었기 때문 이다.

이 앨범에서 삶은 흐릿한 어스름이 감도는 배경에 제각기 따로 존재하는 형체들이 죽 늘어선 행렬 같다. 그 형체의 모습 들이 전부 다름에도 불구하고, 과거라는 허물로 이루어진 이 이 상한 행렬 속에서 우리는 쉽사리 자신을 발견한다. 그렇지만 우 리 자리를 차지하고서 '나'라고 말하려 하는 이 인물들을 연이 어 마주하다 보면 어떨 때는 소름이 돋기도 한다. 앨범은 시간 이 만든 차이를 무색하게 만들어, 마치 식구 많은 집의 가족사진 을 병풍처럼 펼쳐놓은 듯하다. 이 기묘한 분리 작용으로 인해 앨범 속 내 사진들은 마치 동시간대를 살아가는, 거의 똑같이 생긴 쌍둥이들의 모습으로 변해 보였다. 그러자 우리 존재는 한 생에서 다른 생으로, 한 형태에서 다른 형태로 넘어가기 위한 거대한 분투, 마치 그레고르 잠자(Gregor Samsa)●가 인간에서 바퀴벌레로 변신하듯 완전히 동떨어진 몸과 생판 다른 상황 속으로 이동하는 환생(réincarnation)의 여정처럼 보였다. 어떤 때는 정반대 마법이 일어나곤 했다. 앨범을 넘기다 보면 아주 상이한 모습들의 동일성에 매료되기 때문이다. 현재의 나는 모습은 똑같지 않아도 키가 1미터에 불과하고 이제 겨우 풀밭 위를 아장아장 걷던 시절의 나, 엉성한 머리에 얼굴엔 여드름투성이인 사춘기 시절의 나와 완전히 동일한 존재다. 차이는 엄청나지만, 각각의 모습은 동일한 힘의 작용으로 동일한 생명을 표현한다. 이 사진 앨범은 생명과 메타모르포시스의 어울림을 나타내는 가장 정확한 표상이다.

우리는 늘 성체인 생명체가 보여주는 형태에 경이로움을 느낀다. 우리는 이 성체 단계만을 완전하고 성숙한 것으로 인정한다. 성체 이전 모든 단계는 우리가 도달할 그 모습의 준비 과정일 뿐이며, 성체 이후는 모두 쇠락이자 파멸일 뿐이다. 그러나

● 프란츠 카프카의 소설 《변신》의 주인공.

이만큼 잘못된 생각도 없다. 성인의 삶이란 수정 후 두 개의 세포로 이루어진 배아의 삶이나 죽음의 문턱에 서 있는 노인의 삶보다 더 완벽하지도 않고 더 우리다운 것도 아니며, 더 인간적이고 더 완성된 것도 아니다. 모든 생명은 자신의 삶을 펼치기 위해 되돌릴 수 없이 다양한 모습과 여러 몸을 거쳐야 한다. 자신이 떠맡는 그 모습과 몸을 계절이 바뀌면 옷을 갈아입듯 쉽게 벗어 던져야 하는 것이다. 한 살아있는 개체는 집단(légion)이다. 옷을 만드는 장인처럼, 끊임없이 자기 외형을 조각하는 신체 예술가(body artist)처럼, 모든 존재는 여러 몸과 여러 '나'를 실로 잇는다. 모든 생명은 변해가는 시간 속에 펼쳐지는 해부학적 행렬이다.

이 다양한 생명 형태들 사이의 관계를 진화나 진보, 혹은 그 반대 개념이 아니라 메타모르포시스 개념으로 사유하는 것은 단순히 모든 목적론에서 벗어나는 것만을 의미하지 않는다. 이는 또한 무엇보다도 각각의 형태가 동일한 무게, 동일한 중요성, 동일한 가치를 지닌다는 의미다. 메타모르포시스는 자연의 모든 성질 사이에 성립하는 등가성의 원리이자 이 등가성을 생성하는 과정이다. 모든 형태, 모든 성질은 서로에게서 기원하며 서로 동등하다. 그 각각은 모두 동일한 지평에서 존재한다. 그것들은 다른 것들과 같은 것을 공유하지만, 그 방식은 상이하다. 변이

(variation)는 **수평적**이다.

이 희미한 형상들의 의식(liturgie, 儀式)을 계속 지켜보기란 쉽지 않다. 그 어떤 형상도 자신에게 전달된 생명을 간직하면서 동시에 변형하는 것처럼 보이지 않기 때문이다. 서로를 스쳐 지나가며 이어지는 이 끝없는 형상의 카니발 속에서, 생명의 형태들은 서로의 경계를 흐리게 하고, 서로에게 흘러들어가며, 서로가 서로를 낳는다. 생명의 형태 각각은 다른 곳에서 온 듯한 이방인이다. 그리고 그 이방인에 동화되는 순간, 우리는 다른 모든 생명 형태를 이방인들로 변모시킨다. 우리가 생명이라 부르는 것은 개체의 차원이든, 종의 차원이든, 생물학적 계 전체의 차원이든, 단지 이어 내려오는 형태들을 자신의 것으로 길들이는 과정일 뿐이다. 우리는 날마다 이방인을 길들인다. 그 몸속에서 우리 자신이 무엇이었는지를 완전히 잃어버릴 때까지 그렇게한다.

메타모르포시스는 다음 두 가지 자명한 사실을 말한다. 살아 있는 모든 것은 그 자체로―현존하면서 이어지는―다수의 형태다. 그러나 그 각각의 형태는 실상 독자적으로, 동떨어져 존재하지 않는다. 왜냐하면 어떠한 생명의 형태든 그 이전과 이후에 존재하는 무수히 많은 다른 형태들과의 직접적인 연속성으로 정의되기 때문이다. 그렇기에 메타모르포시스는 모든 생명체가 여러

형태로 동시에 그리고 연이어 자신을 드러낼 수 있게 하는 힘이
자 그 형태들이 서로 이어지고 서로를 거쳐 갈 수 있게 해주는
숨결이다.

탄생

모든 자아는 망각이다

모두가 그렇듯이, 나도 잊어버렸다. 그 순간의 맛과 냄새, 나를 둘러싼 사람들, 그리고 방안을 가득 채운 사물들을. 나는 그날과 그 시간을, 내 생각과 감정을, 그리고 처음 그 순간을 채웠던 빛의 강렬함을 잊어버렸다. 어쩌면 나는 잊을 수밖에 없었던 걸까? 모든 것이 내게는 처음 같았다. 너무 낯설고, 너무 새롭고, 너무 강렬해서 내 안에 담아둘 수 없었다. 나는 잊어야만 했다. 모두 잊어야만 했다. 남아있는 것에 자리를 내주기 위해. 다가올 것들을 위해, 곧 나의 과거가 될 것들을 위해, 온 세상을 위해 비우기. 앞으로 가능한 모든 체험을 위해 비우기. 나는 잊어야만 했다. 모두 잊어야만 했다. 나 자신을 인식하기 위해.

탄생은 인식의 절대적 경계다. 탄생은 '나'라고 말하는 순간 타인과 뒤섞이게 되는 문턱이다. 이 음절을 발음할 수 있게 하는 숨이 진정 나의 것인지, 아니면 어머니의 신체가 연장된 것인지 말할 수 없다. 이 음절이 나의 몸을 명명하는 것인지, 아니면 내가 태어난 몸을 명명하는 것인지 말할 수 없다. 탄생은 모든 기억을 지워야만 '나'라고 말할 수 있도록 하는 힘이다. 우리가 어디에서 왔는지 잊어야 한다. 오랫동안 우리를 품어준 타인의 몸을 잊어야 한다. 그리고 그 몸으로부터 스스로를 분리해야 한다.

모두가 그렇듯이, 나도 잊어버렸다. 나는 나 자신을 잊었고, 무엇보다도 내 안에서 살아있었던 것들, 그리고 여전히 살아있는 모든 것을 잊어버렸다. 예를 들어, 나는 아홉 달 동안 어머니의 몸이었다는 사실을 잊었다. 나는 단순히 어머니 안에 있었던 것이 아니다. 나는 말 그대로 어머니의 몸이었다. 나는 어머니의 배의 일부였으며, 물질적으로 그것과 분리될 수 없는 존재였다. 어머니의 살에서 나온 살, 어머니의 생명에서 비롯된 생명이었다. 망각은 우연이 아니다. 그것은 자신을 다르게 보기 시작하기 위한 가능 조건이다. 망각은 어머니의 배와 어머니의 의식에서 벗어나, 어머니와는 다른 존재가 되는 행위, 그리고 어머니의 생명과 숨을 다른 곳에서 이어가는 행위의 인식적 대응물이다.

　모두가 그렇듯이, 나도 내가 한때 아버지의 몸이었다는 사실을 잊어버렸다. 나는 한때 아버지의 몸이었으며, 여전히 그렇다. 단순히 물질적인 관점에서만 그런 것이 아니다. 태어남으로써 나는 내 안에 내 아버지의 모습을, 내 어머니의 모습을 실어 나른다. 발생적으로, 나는 내 부모의 몸 사이에서, 내 부모의 모습 사이에서 일어날 법하지 않은 시끄러운 대화다. 탄생과 동시에 일어나는 이 망각은 기억의 가장 근본적인 요소다. 사실 내 부모 또한 이 망각과 혼합의 산물이다. 따라서 내 안에 아버지와 어머니의 몸, 그들의 모습과 생명을 간직한다는 것은 곧 내 안에 셀 수 없이 많은 생명체의 몸과 생명이 깃들어 있음을 의미한다. 이 모든 존재는 다른 생명체들로부터 태어났으며, 그 흐름은 인류의 경계를 넘어, 생명의 경계를 넘어, 그리고 그보다 더 먼 곳까지 이어진다. 탄생은 단순히 새로운 것의 출현이 아니다. 그것은 또한 끝없이 과거 속에서 헤매는 미래이기도 하다.

　모두가 그렇듯이, 나도 잊어버렸다. 달리 어찌할 수 없었다. 나는 내가 될 존재가 되기 위해 모든 것을 잊어야만 했다. 탄생은 우리가 이전에 무엇이었는지 잊는 것을 의미한다. 다른 존재가 여전히 내 안에서 살아가고 있음을 잊는 것이다. 우리는 이미 존재했지만, 다르게 존재했다. 탄생은 절대적인 시작이 아니다.

우리보다 앞서 이미 무언가가 존재했고, 우리는 태어나기 전 이미 어떤 것이었으며, 나 이전에도 나란 존재가 있었다. 탄생이란 우리의 자아와 다른 존재의 자아 사이에, 인간의 생명과 비인간의 생명 사이에, 세계에 존재하는 생명과 물질 사이에 연속성이 존재하며, 그 연속성의 관계 밖에서는 어떠한 것도 존재할 수 없음을 뜻한다. 탄생이란 단지 그러한 것일 뿐이다.

나는 태어났다. 나는 언제나 나 자신이 아닌 어떤 것을 실어 나른다. 자아는 그저 낯선 물질을 실어 나르는 운반체일 뿐이다. 그 물질은 다른 곳에서 왔으며, 나를 지나 더 먼 곳으로 향할 것이다. 그것이 말이든 냄새든 이미지든 분자든 그다지 중요하지 않다.

나는 태어났다. 나를 이루는 물질은 결코 순전히 현재에 속하지 않는다. 나는 조상의 과거를 실어 나르며, 상상할 수 없는 미래로 나아간다. 나는 이질적인 시간, 양립하기 힘든 시간, 어느 한 시대나 한 순간에도 속할 수 없는 시간이다. 나는 가이아의 표면에서 교차하는 여러 시간의 반향이다.

나는 태어났다. 그리고 이것은 거의 동어반복과 같다. 나라는 존재가 된다는 것은 곧 태어나는 것이며, 태어남은 모든 자아가 지닌 역동성이다. '나'는 오직 태어남을 겪는 존재들에게만 있다. 혹은 반대로, 자아란 단순한 운반체일 뿐이다. 그것은 언제나 자기 자신이 아닌 다른 것을 실어 나르는 무엇이다.

하나이며 동일한 생명

우리는 그것을 부모와 자식을 이어주는 과정으로 묘사한다. 우리는 이 과정 속에서 몸들이 특정한 관계에 따라 배열된다고 상상한다. 우리는 그 결과를 세대의 계승으로 묘사하며, 어머니와 아버지에서 딸과 아들로 이어지는 흐름으로 설명한다. 우리는 그것을 사촌·삼촌·이모·조부모를 거쳐, 그리고 친족 관계의 정도를 명확히 규정할 이름이 없어 모호하게 친척이라 부르는 이들까지 확장되는 거대한 가계도로 상상한다. 우리는 피와 살로 연결된 관계들에 대해 이야기한다. 그러나 우리는 탄생 속에 보다 낯선 존재가 있다는 사실을 잊고 있다. 생명은 훨씬 더 야생적이면서도 훨씬 더 내밀한 방식으로 형성된다. 우리의 개념적 조립으로는 이를 수 없는 것이다.

　우리 아이들을 보자. 우리 몸의 일부가 나와 다른 존재가 되었다. 우리 몸의 일부는 낯선 몸과 결합해 나오는 다른, 독립적이며 분리된 또 다른 생명을 낳았다. 우리는 어쩌면 의식(意識)에 관해서도 동일하게 말할 수 있을지 모른다. 우리 자아의 일부는 우리를 떠나 우리가 어찌할 수 없는 다른 것이 되었으며, 더 이상 우리 것이 아니다. 우리 자아는 이제 우리 밖에서, 우리와 구별된 채 존재하며, 결코 다시 우리가 소유할 수 없는 것이 된다. 우리 것이었던 이 다른 생명은 우리와 똑같이 '나'라고 불린다. 우리 아이들도 말 그대로, 우리와 우리 파트너의 '나'였던 물질과 정신의 일부다. 그러나 이 생명은 다른 몸 위에서, 다른 몸 안에서, 그리고 다른 몸을 통해 다른 곳으로 펼쳐진다. 달리 말하면, 다른 것이 된 우리의 몸과 정신 속에서 펼쳐지는 것이다.

모든 아이는 알아볼 수 없을 정도로 변한 나다. 모든 아이는 자신을 이루던 본래의 물질에 일종의 메타모르포시스가 일어난 몸이다. 우리가 태어난다고 말하는 몸과 자아의 증식은 본질적으로 기존 몸의 변형(transformation) 과정이다. 우리가 망각으로, 그리고 인식과 기억의 극복할 수 없는 한계로 경험하는 것이 곧 메타모르포시스다. 탄생 덕분에 모든 생명체는 그 형태·크기·환경뿐만 아니라, 자신이 속한 종과 계에 상관없이 생명의 한 메타모르포시스로 존재하는 것이다. 즉, 선행하는 몸의 변형이며, 자신 이전에 존재했던 형태의 변모이고, 이미 세계를 마주했던 시선의 변동이다.

태어난 우리 모두는, 몸이나 영혼 모두에 있어 단지 세계의 일부일 뿐이다. 태어남은 곧 이런 것이다. 우리가 단지 생명의 메타모르포시스, 세계의 육체 속 아주 작은 일부의 조그만 변형일 뿐이라는 증거다. 그런데 우리가 우리 몸으로 흡수했던 어머니 몸의 일부, 그리고 상대적으로 좀더 작은 아버지 몸의 일부역시 끝없는 변형과 흡수의 연속 과정 중 한 단계일 뿐이다. 우리는 지금의 우리가 되기 전에 그들 몸의 일부였을 뿐만 아니라, 그 두 몸 또한 우리 세대가 태어나기 전부터 더 이전 존재들의 일부였다. 우리는 조상들의 과거를 품고 있다. 그렇기에 우리 몸은 대지의 역사, 행성의 역사, 그 토양과 물질의 역사 속 일부를 차지하며 무한히 존재하는 것이다.

어떤 점에서 모든 생명체는 이 형태에서 저 형태로, 이 주체에서 저 주체로, 이 존재에서 저 존재로 계속해서 건너가는 하나의 같은 몸, 같은 생명, 같은 자아다. 이 같은 생명은 행성을 살아 움직이게 하는 생명이기도 하다. 우리처럼 행성 또한 태어났다. 지구는 45억 년 전 자신의 탄생에 앞서 존재한 몸인 태양으로부터 분리되어 물질의 메타모르포시스를 통해 탄생했다. 우리 모두는 그 일부이며, 빛의 작은 조각이다. 태양 에너지, 태양 물질은 수많은 이전 존재 속에서 해온 것과는 다른 방식으로 살아가려고 한다. 그러나 이 공통 기원, 아니 좀더 정확히 말하자면, 우리가 지구의 살이자 태양의 빛으로서 '나'를 말하는 새로운 방식을 재창조한다는 사실이 우리를 단일한 동일성 속에 가두는 것은 아니다. 반대로 더 깊고 내밀한 이 혈연관계(우리가 지구이자 태양이며, 우리가 그들의 몸이고 생명이라는 사실) 때문에 우리는 매 순간 우리의 본성과 동일성을 부정하고 이를 새로운 방식으로 만들어가는 것이다. 차이는 결코 본성이 아니다. 차이는 절대로 본성이 아니다. 그것은 숙명이자 과업이다. 우리는 다른 것이 되어야만 하며 반드시 변신해야 한다.

탄생과 자연

탄생이란 한 생명체가 경험할 수 있는 가장 개체적인(individuel) 과정인 동시에 가장 개체화하는(individualisant) 과정이다. 탄생은 내면의 문턱일 뿐만 아니라, 그 내면성을 가능케 하고 그 경계를 설정하는 것이다. 이보다 더 보편적인 것은 없다. 모든 여성과 남성은 과거에도 현재에도 미래에도 젠더, 계급, 문화, 성적 지향과 상관없이 태어난다. 종·목(目)·계(界)와 관계없이 모든 생명체도 마찬가지다. 떡갈나무·고양이·버섯·박테리아 모두 탄생을 통해 규정되는 존재들이다.

탄생은 우리 모두의 첫 번째 경험이자 그 경험의 선험적 형식(forme transcendantale)이다. 그러나 탄생은 이 행성의 각 존재와 우리가 공유하는 경험이기도 하다. 탄생은 어떤 생명체가 진화의 커다란 계통수에서 어느 위치에 있든 상관없이 자기 자신을 다른 생명체들과 분리할 수 없게 만드는 경험인 것이다. 우리가 공유하는 것은 하나의 공통된 뿌리나 아득한 기원이 아니다. 우리가 공유하는 것은 오히려 모든 생명체와 살아있는 모든 종, 그리고 생명과 그 환경의 연속성을 가능케 하는 조건이자 그 형식이다. 탄생은 하나의 통로다. 그것은 생명을 한 형태에서 다른 형태로, 한 종에서 다른 종으로, 한 계에서 또 다른 계로 이끄는 변형의 통로다.

바로 이 통로를 거쳐 개체·종·행성은 실제로 서로 무언가 주고받으며, 다른 무엇으로 변신할 수 있다. 탄생은 같은 종에 속한 개체들, 종들 사이의 구분, 그리고 모든 생명체와 지구를 나눌 수 없게 만든다. 따라서 우리의 계보는 단순히 가족적 차원에 국한되지 않는, 언제나 우주적 차원에 속하는 것이다. 배꼽은 단지 어머니 몸과의 연결이 아니라, 우리와 모든 생명체와의 연결, 우리와 이 지구와의 연결을 가리킨다.

우리가 어머니 뱃속에서 경험했듯이, 이런 일은 일어날 수 있다. 석회질로 이루어진 껍질 안에서도 이런 일은 일어날 수 있다. 이런 일은 하늘에서든 바다에서든, 유전적으로 물려받은 것을 공유하는 두 개의 단세포 생명체가 결합함으로써도 일어날 수 있다. 바이러스의 경우처럼, 이런 일은 외부 몸을 점유해 화학적 성질을 조작하는 형태를 띨 수도 있다. 우리는 언제나 다른 몸 안에서 태어난다. 이것이 바로 우리가 자연이라 부르는 것이다. 태어남은 단순히 부모와 혈연관계를 맺는 것이 아니라, 생명의 변형이 지속되는 사슬에 또 하나의 연결고리를 더하는 것이다. 그러므로 태어남은 곧 자연이 **된다**는 것이며, 우리는 태어난 모든 것의 존재 방식을 자연이라 부른다. 오로지 탄생을 통해, 탄생을 거쳐, 그리고 탄생 덕분에 존재하는 모든 것이 자연이다. 자연(nature)은 본질(essence)과 동의어가 아니다. 자연적 존재들인 우리는 몸의 거처를 이동해 그곳을 자기 것으로 만드는 이 느릿한 과정을 거쳐 세상에 나온 존재들이다.

태어난다는 것은 단순한 재구성, 다른 것의 메타모르포시스일 뿐 그 이상도 이하도 아니다. 태어난다는 것, 즉 자연이라는 것은 대지로부터, 이 지구상에서 사용 가능한 모든 물질로부터 자신의 몸을 구축하고 형성해야 함을 의미한다. 우리는 지구의 변형이자 표현이며, 분절(articulation)이자 주름(pli)이다. 태어난다는 것은 우리에 앞서 존재했던 모든 것과 같은 물질로 이루어짐을 의미한다.

모든 생명체에게 탄생이란 세계의 무한한 물질의 일부가 되는 경험을 하는 것이다. 이는 '나'라고 말하는 또 다른 방식을 창조하는 것이다. 우리는 그 무한함 안에서 세계를 느끼기 위해, 보기 위해, 경험하기 위해 지구를 휘젓고 다니거나 뒤흔들 필요가 없다. 그저 우리 몸이 간직한 물질적이고 정신적인 기억을 탐색하는 것으로 충분하다. 우리 각자는 지구의 역사이며, 그 역사의 한 버전이자 하나의 가능한 결과물이나.

탄생이란 모든 생명체가 자신의 역사를 세계의 역사와 분리할 수 없다는 것, 그리고 모든 생명체에게서 국지적인 것과 전 지구적인 것은 별개가 아님을 뜻한다. 우리는 대체 불가능한 특정 몸 안에서 생겨나, 또 다른 대체 불가능한 특정 몸으로 탄생한다. 그러나 각 생명체는 행성 전체의 삶을, 그 과거와 현재, 미래를 드러낸다.

우리 안에서 '나'라고 말할 수 있는 것은 언제나 가이아다. 우리는 세계 자체이며, 우리 각자는 각자의 방식대로 세계인 것이다. 우리는 모두 세계의 내용이자, 무엇보다도 세계의 형식이다. '나'는 결코 순전히 개인적인 기능이나 활동이 아니다. 그것은 지구적인 힘이다.

우주적 쌍둥이

탄생을 통해 세계가 그려진다. 오로지 탄생을 통해서만 장소, 공기, 물, 불, 사람들, 기억, 꿈, 거짓말이 누군가에게 속하고, 서로 결합하고, 살이 된다. 단순히 흩어진 사물들의 집합이 아니라 세계가 존재하는 것은 오로지 우리가 태어나기 때문이다. 탄생은 나와 세계가 공유하는, 평행하고 동시적인 이중의 과정이다. 태어나는 것은 생명체만이 아니다. 새로운 개체가 등장할 때마다, 세계 또한 새로운 방식으로 태어난다. 모든 탄생은 쌍둥이와 같다. 세계와 주체는 동시에 태어나 서로가 없이는 정의될 수 없는 이란성 쌍둥이다. 반대로, 세계의 모든 것은 그 나머지와 쌍둥이 관계로 정의된다.

탄생은 단순히 구별과 분리의 사건이 아니다. 하나로 합쳐지는 움직임이자 집단적 동화 과정이기도 하다. 모든 탄생은 낯선 몸으로의 침입이다. 즉, 낯선 몸을 길들이고 거기에 익숙해지는 일이다. 탄생의 질서란 그저 지구의 몸을 다시 분배하는 것이다. 이 질서와 본성 때문에, 과거·현재·미래의 모든 태어난 존재는 같은 물질로 만들어졌고, 만들어지며, 또 만들어질 것이다. 숲속을 걸을 때 우리 발을 스치는 양치식물, 우리가 먹는 닭, 도시 거리에서 함께 자라는 나무인 포플러와 플라타너스, 우리를 귀찮게 하는 벌레, 그리고 우리 장 속 미생물은 모두 우주적 혈연관계로 연결돼 있다. 우리는 끊임없이 타자의 몸을 사용하고 자신의 것으로 만들며, 서로의 몸에서 다시 태어나는 샴쌍둥이와 같다. 태어난다는 것은 매번 다른 이(어머니, 아버지, 그리고 그들을 통해 다른 모든 존재)의 몸을 받아들이고, 그것을 자신의 살로 만든다는 의미다. 우리는 단순히 아들딸도 형제자매도 아니다. 우리는 같은 모습을 공유한다. 우리가 꼭 닮을 필요는 없다. 나무들은 우리와 닮지 않았다. 세균이나 얼룩말도 마찬가지다. 그럼에도 우리는 모두 탄생을 공유하기에 같은 몸으로 살아가는 것이다.

우리가 같은 몸으로 살아가고 그것을 자신의 것으로 삼기 때문에 세계-내-존재(être-au-monde)라는 이 선험적 구조를 공유하는 것은 아니다. 이는 특히 다른 생명체들과 우리가 쌍둥이 관계를 맺고 있음을 의미한다. 자연이 된다는 것은 살아있는 모든 것과 쌍둥이가 된다는 의미다.

쌍둥이는 단순한 물리적 또는 유전적 유사성으로 정의되는 관계가 아니다. 쌍둥이성은 같은 순간, 같은 자궁, 같은 어머니를 공유한 두 존재 또는 그 이상의 존재들이 맺는 관계다. 그들은 (이란성 쌍둥이처럼) 유전적으로 다를 수도 있다. 또는 서로 전혀 닮지 않을 수도 있다. 그러나 그들이 같은 자궁을 공유하고 이 세계에 태어난 순간부터, 그리고 탄생 속에서 탄생을 통해 서로 같은 것이 되는 순간부터, 그들의 존재는 단순한 형태나 정체성을 넘어서는 더욱 근본적인 것을 공유하는 존재가 된다. 모든 존재를 탄생을 통해, 탄생 속에서 연결된 존재로 바라보는 것은 모든 자연적 존재를 우주적 쌍둥이로 바라보는 것이다.

쌍둥이들을 연결하는 수평적 관계는 부모의 매개를 넘어선다. 이 관계는 단순히 부모가 같다는 사실보다 훨씬 더 강력하다. 이 강력함은 다음과 같은 명백한 사실에서 비롯된다. 질료적으로나 형상적으로 구분되는 모든 신체적 차이에도 불구하고, 두 몸은 깊은 연속성을 지닌다. 자신이 무엇인지를 깨닫게 되면 필연적으로 자신은 타자와 같은 존재라는 것을 받아들일 수밖에 없다. 당연한 사실이지만, 나는 우연히도 다른 존재와 다른 이런 모습을 하고 있을 뿐이다. 우리 모두는 다른 이의 몸이었을 수도 있었다.

쌍둥이로 태어난다는 것은 기이하고 드문 현상이 아니며, 전 지구적 관점에서 보면 탄생의 본보기 그 자체다. 살아있는 모든 존재는 하나의 동일한 어머니, 가이아를 가진다. 살아있는 모든 존재는 수많은 다른 존재들과 어머니를 공유한다.

같은 종에 속한 모든 존재가 쌍둥이일 뿐만 아니라, 모든 종 자체도 서로 쌍둥이와 같다. 인간, 개미, 떡갈나무, 시아노박테리아, 바이러스는 모두 세계의 몸이자 정신이며, 끊임없이 현실

세계를 복제하는 이란성 쌍둥이다.

출산 또는 생명의 이주

모두가 자신이 태어난 존재라는 것을 잊고 산다. 우리는 본래 다른 생명을 낳는 경험을 할 수 없는 이들, 즉 남성들이 만들어내고 지배하는 문화에서 살아간다. 어쩌면 우리가 죽음과 노화에 집착하는 이유가 여기에 있다.

죽은 이들에 대한 숭배는 여전히 우리 사회의 근간을 이룬다. 우리는 죽은 자들의 시신을 정성껏 밀봉된 관에 보관하고 묘를 세우며, 그들을 잊지 않고 추모한다. 우리는 죽은 이들의 생각으로 도서관 서가를 가득 채운다. 반대로 탄생은 여전히 불가사의한 일이자 금기다. 발언과 예술의 영역에서 천 년 이상 여성이 배제되면서, 새로운 '나'의 탄생에 대한 경이로움을 표현하고 이를 공유하는 일은 드물고 어려운 일이 되었으며, 결국 그 목소리는 들리지 않게 되었다. 출산을 단체로 기념하는 일은 드물다. 그에 대해 이야기하고 경축하는 일은 드물며, 그러한 사건이 우리 몸과 영혼에 남기는 흔적에도 거의 관심을 기울이지 않는다.

모두가 잊는다. 그러나 어떤 이들은 시간이 흐른 뒤 탄생이

의미하는 바를 배울 가능성을 자신의 몸속에 품고 있다. 그들에게 이것은 물리적 경험, 자명한 경험, 직접적 경험이다. 다른 존재를 낳는다는 것은 자신의 탄생을 거꾸로 다시 경험하는 것이다. 탄생의 진정한 반대는 죽음이 아니라, 자신의 몸이 또 다른 몸을 낳는 것을 목격하는 것이다. 자신의 몸이 하나의 자궁으로 변화하는 것을 목격하는 것이다. 그 자궁을 거쳐 탄생하는 생명은 한 사람에게, 한 개체에게 속하는 것이 아니다. 생명은 한 개체에서 다른 개체로, 한 몸에서 다른 몸으로 옮겨가며 전달되기 때문이다. 그렇지만 각 개체는 각각의 개체성과 자율성을 가지고 있다. 생명은 이를 부정하지 않는다. 그저 자신의 몸이 형태에서 형태로, 장기에서 장기로, 숨에서 숨으로 둘이 되는 것을 목격할 뿐이다. 자신의 몸이 하나의 바다로 변하는 것을, 그리고 그 바다 위에서 생명이 나에서 다른 나로, 개체에서 다른 개체로, 한 종류에서 다른 종류로 이주하는 것을 목격하는 것이다.

내가 낳았지만 나와 독립적인 존재로 탄생하는 이 두 번째 몸은 나에게 낯선 몸, 외계의 존재이자 나와 쌍둥이인 몸이다. 그 몸은 다른 얼굴을 하고 있고, 내 것이 아닌 낯선 특색을 지니고 있다. 왜냐하면 그 몸은 두 얼굴이 섞여 태어나기 때문이다. 둘 중 한 번은 다른 성별에 속하기도 한다. 어쨌거나 그 새로 태어난 몸이 길들이는 것은 바로 내 몸이다. 이 말은 단순히 형태학적 유사성을 뜻하지 않고, 두 몸 사이의 물리적·물질적·정신적 연속성에 관한 것이다. 어머니와 아이는 아홉 달 동안 동일한 외연에 속한다. 그들은 완전히 두 존재이면서 (심지어 법적으로도) 두 주체이며, 두 생명이지만, 그들의 몸은 연장 실체(res extensa)* 로서 하나로 일치하며, 같은 공간을 차지하고, 같은 원자로 이루어지며, 하나의 같은 살이다. 이 살은 둘 중 누구에게도 배타적으로 속하지 않는다. 이른바 메타모르포시스의 선험적 형식이자 모든 탄생의 형이상학적 신비는 이러한 연속성, 즉 자율성을 동반한 공간적 일치에 있다.

우리를 살아 숨쉬게 하는 생명은 결코 우리만의 것이 아니다. 생명은 진리를 유지한 채(salva veritate) 우리와 아무것도, 질병·취향·경험·의견·죽음조차도 공유하지 않는 몸과 개체를 거쳐 갈 수 있다. 생명은 우리 몸을 넘어선다. 생명은 이주한다. 마치 자신을 낳아주고 자신도 그 일부였던 나무에서 떨어져 나간 씨앗처럼, 생명은 번식할 수도 있고, 우리에게서 분리될 수도 있다. 이 생명은 언제나 다른 곳으로 향할 준비가 되어 있으

● 데카르트의 형이상학에서 물질세계의 본질을 설명하는 핵심 개념 중 하나. Res extensa는 '연장된 실체', 즉 공간 속에 존재하며 크기·형태·운동을 지닌 실체를 의미한다. 이는 데카르트의 이원론에서 정신적 실체(res cogitans, '사유하는 실체')와 대립하는 개념으로, 인간 정신과는 독립적인 물질적 실재를 가리킨다.

며, 우리 몸에서 또 다른 몸을 형성할 준비가 되어 있다. 임신은 모든 생명에 본래 내재하는 다수성을 경험하는 것에 지나지 않는다. 자신의 몸을 하나의 동일한 생명을 공유하는, 최소한 두 주체, 두 성(性), 두 숨결의 확장으로서 경험하는 것이다. 우리를 낳았던 수천의 몸을 그 이전에 살아 숨쉬게 했던 그 생명 말이다. 우리의 생명은 결코 순수하게 고유하거나 독자적이며, 나눌 수 있는 것이 아니다. 바로 이 때문에 생명과 그 형태 사이의 선험적 통일성(unité)은 존재하지 않으며 존재할 수도 없다. 탄생은 곧 이러한 선험적 종합(synthèse transcendantale)의 부정이다.[*] 우리는 언제나 다른 형태에서 온다. 우리는 바로 그 형태의 변형이자 변주이며, 아나모르포시스(anamorphose)다.[**]

반대로, 우리 가운데 가장 강력한 몸은 자기 자신의 형태로

---

[*] '선험적 종합'은 칸트의 인식론에서 핵심 개념으로, 경험 이전에(a priori) 주어진 인식 능력으로 다양한 표상을 결합하는 과정을 의미한다. 이 개념에서 '종합'은 단순한 결합이 아니라 이질적인 요소들을 능동적으로 결합해 하나의 통일된 인식을 형성하는 작용을 가리킨다. 여기서는 이질적인 요소들이 결합해 새로운 생명의 형태가 탄생하지만, 탄생 이전에 이질적 요소들이 결합해 새 생명의 형태를 규정하는 종합은 일어나지 않는다는 것이다.

[**] 아나모르포시스는 생물학에서 생물종이 환경적 요인에 따라 점진적으로 형태를 변형해가는 과정을 지칭한다. 진화적 변화가 일정한 방향성을 가지지 않고, 다양한 적응적 변형을 거쳐 진행됨을 설명하는 개념이다.

부터, 자신을 살아 숨쉬게 하는 생명을 공유하는 또 다른 형태를 낳을 수 있다. 다수성은 생명의 가장 깊은 진리다. 그러나 이 다수성은 단순한 산술적 개념이 아니며, 모든 생명체의 (물질적이고 육체적이며 정신적인) 근본적 통일성을 부정하지 않는다. 살아있는 존재 안에 다수성이 존재한다면, 그것은 생명이 변형 속에서 연속성을 유지하기 때문이다. 자신의 고유한 형태를 해체하지 않고서는, 가장 내밀하고 개인적이며 자신과 가장 가까운 생명을 다른 어떤 것 안에 머물게 하지 않고서는, 생명을 무한히 연장할 수 없다. 살아있는 존재들의 증식과 변이는 생명을 증식하지 않는다. 이 생명은 사실상 모든 생명체에게 동일하다(그렇지 않다면 탄생도 진화도 가능하지 않았을 것이다).

임신을 경험한다는 것, 곧 자신의 몸이 타인의 몸 안에서 다시 태어나는 것을 목격하는 경험은 또 다른 이유에서 특별하다. 임신은 독특한 시간성 속에서 전개된다. 모든 임신은 (모든 탄생은 인간 종의 탄생과 창조와 일치하기 때문에) 종이 기원한 시간인 선사시대를 현재에 접목하고, 공상과학의 상상을 넘어서는 절대적 미래를 현재와 공존하게 한다. 탄생이란 시간, 즉 현재·과거·미래의 응축이다. 탄생은 늘 역사와 되돌릴 수 없이 역사 밖에 존재하는 무언가 사이의 문턱에 있다.

출산은 역사(그리고 자신의 고유한 개인사)를 해체한다는 의미다. 자기 신체 나이를 해체하고, 어머니와 아이가 공유하는 일종의 인공적·기술적·문화적 선사시대를 만들어내기 위해 과거와 현재의 시간을 해체한다. 임신한 몸은 젊음을 창조하는 몸이되, 이 젊음은 단순히 연대기적 의미는 아니다. 왜냐하면 이 젊음은 어머니 생명의 시작이 아니라, 어떤 임의적인 시점이기 때문이다. 어머니의 몸은 잠시 젊음과 늙음 이전의 어떤 상태가 되며, 자신의 몸 안에서 싹트는 생명의 씨가 된다. 그리고 이 씨 안에서, 어머니 자신은 마치 자신이 태어나기 이전의 시간과 존재 양상으로 되돌아간 것처럼 보인다. 전(前)개체적이며 전(前)인격적이고, 미리 규정된 성(性)조차 없는 이 씨앗은 한 사람의 몸속에서 일어나는 일이지만 동시에 우주적 변화를 일으키는 실험실이며, 어머니·아이·인류, 그리고 지구까지 변화시키는 메타모르포시스의 시공간이다. 지구가 생명체들을 품고 생명체들을 낳는 것이 아니다. 오히려 생명체들이 임신을 통해 지구를 다르게 탄생시키는 것이다.

따라서 출산이란 지구를 자기 몸 안으로 통과하게 해 다른 곳으로 이동시키는 것이다. 모든 출산은 지각변동을 일으킨다. 출산은 가이아가 자신의 자리를 바꿀 수 있도록 하는 움직임이다. 이러한 관점에서 탄생은 곧 이주 과정이다. 출산이란 자신의 생명을, 숨을, 그리고 자기를 다른 곳과 다른 몸으로 이주한다는 뜻이다. 어머니(또는 아버지)가 된다는 것은, 한 몸에서 다른 몸으로 이동할 수 있는 능력을 의미하며, 우리에게 도착한 이 자아를 또 다른 생으로, 생명의 다른 형태로 이주할 수 있음을 뜻한다. 모든 자아는 이주하는 존재이며, 이 신성한 자아는 결코 자신의 여러 정체성 중 하나로만 환원될 수 없다.

그렇기에 모성이란 특정한 성(性)에 국한된 경험이 아니다. 모성은 여성성과 본질적으로 연결되지 않는다. 어머니를 만드는 것은 탄생이지, 그 반대가 아니다. 모성은 성(性)의 운명도 본질도 규정도 아니다. 모성이란 탄생이라는 사건이 몸에 남긴 결과다. 출산 과정만 봐도 탄생의 이러한 비본질적 성격이 확실히 드러난다. 어머니가 되기 위해서는 노동이 필요하다. 이는 단순히 출산에만 해당하는 것이 아니다. 아기의 탄생으로 노동과 상상력, 힘과 의식, 정신적 노력과 물리적 노력을 끌어모아 다양한 방식으로 실천하는 장소, 즉 기술적 공간이 펼쳐진다. 역으로, 우리는 이른바 기술에서 먼저 모성적 활동의 변형된 형태를 찾아보기 시작해야 할지도 모른다. 이는 살아있는 존재들이 출산도 할 수 있기—어머니가 될 수 있기—때문이다. 우리는 세상을 빚고 변형하며, 우리가 생명이라 부르는 이 끊임없이 변모하는 약동(élan)의 흐름에 참여한다. 이것이 바로 탄생이며, 한 형태에서 다른 형태로 이행하는 매개 작업이다. 그 안에서 생명이 구현되며 모든 기술적 조종이 가능해진다.

신들의 카니발

탄생에 대한 글들은 우리에게 부족하다. 설령 그런 글이 존재하더라도, '고상한' 지식의 주변부로 밀려난다. 물론 도상학적 증거는 풍부하게 남아있으며, 수 세기 동안 이 현상을 둘러싼 성찰을 제공해왔다. 실제로 예수의 탄생은 유럽 회화에서 가장 자주 다룬 주제 중 하나다. 그러나 화가들의 시선은 신학적 관점으로 인해 왜곡돼 있다. 화폭에 담긴 것은 평범한 탄생이 아니라, 생식이 불가능하며 자연의 법칙을 거스르는 하나의 특별한 사건이다. 기독교 신학은 탄생을 모든 자연주의적 틀에서 벗어나게 함으로써, 탄생과 자연을 대립시킴으로써, 탄생을 기적으로 간주함으로써 탄생 자체를 제대로 사유할 수 없게 만들었다.

기독교 신화에서 탄생은 절대적 새로움과 동의어가 된다. 모든 자연적 질서를 초월하는 힘의 경험이다. 자연 전체가 배제된다. 기독교 외경에 다음과 같이 쓰여 있듯이. "바로 그 순간, 거대한 침묵이 두려움과 함께 내려앉았다. 바람마저 멈추었기에, 미풍조차 불지 않았고, 나뭇잎도 움직이지 않았으며 물소리도 들리지 않았다. 시냇물도 흐르지 않았고 바다도 고요했다. 바다에서 태어난 모든 것이 침묵했다. 어떠한 인간의 소리도 들리지 않았고, 오직 거대한 침묵만 존재했다. 왜냐하면 바로 그 순간부터 지구의 극이 빠른 움직임을 멈추었기 때문이다. 시간의 흐름이 거의 멈추었다. 모든 이가 깊은 두려움에 사로잡혀 침묵했다. 우리는 지고한 신의 도래와 세계의 종말을 기다리고 있었다."

이러한 탄생이 자연에서 벗어난 것이라면, 그것은 모성에서도 벗어난 것이다. 어머니와 아이는 둘 다 신체적이면서 형이상학적으로 무언가를 상실한다. 어머니는 아이 앞에서 경배한다. "빛이 떠오르자, 마리아는 자신이 세상에 낳은 아이에게 경배를 올렸다. 아기는 마치 태양처럼 스스로 눈부신 아름다움을 발하며, 바라보는 이에게 큰 기쁨을 주었다. 이는 오직 그만이 모든 곳에 평화를 가져오며, 평화의 화신으로 나타났기 때문이다."

예수 탄생에 대한 이 신학적 해석은 출산을 순전히 여성의 문제로 축소했다. 여성은 남성과 무관하게(nesciens virum), 남성의 정액 없이(non ex semine viri) 생명을 잉태할 수 있는 존재로 그려졌다. 따라서 출산은 전적으로 여성의 일로 귀속된다.

모든 탄생의 패러다임이 된 신의 탄생은 〔파스카시우스 라드베르투스(Paschasius Radbertus)의 표현대로 "다른 이들의 탄생과는 다른(verbum caro factum non ut caeteri nascuntur infantes)" 것으로〕 죄도 고통도 없으며, 욕망과 뒤섞임, 메타모르포시스와 아무 상관 없는 것이다. 예외적인 사건은 점차 세속화되며 그 의미를 확장해, 결국 인간의 탄생으로 자리잡았다. 이와 관련된 가장 분명한 사례는 한나 아렌트의 저작에서 발견할 수 있다. 마르틴 하이데거에 따르면 오직 인간만 죽음을 경험하지만, 아렌트는 스승인 하이데거의 입장과 반대로, 탄생을 인간 존재와 인류 발생의 본질적 경험으로 간주했다. 중세 신학의 표현을 빌리자면, 다음과 같이 말할 수 있다. "인간은 다른 존재들과 같은 방식으로 태어난 것이 아니다(homo caro factus non ut caeteri nascuntur viventes)." 이렇듯 아렌트는 베르길리우스의 목가에서 "한 아기의 탄생과 새로운 세대의 도래를 위한 은총의 노래, 탄생을 찬미하는 송가"를 발견한다. 아렌트는 이 목가를 인용하며 "탄생 그 자체의 신성한 특성"에 대해 이야기한다. 따라서 탄생이란 "시간적 연속체의 한가운데 나타나, 전적으로 새로운 존재가 되는 입구"다. 아렌트가 특히 인간을 강조한 이유가 바로 여기에 있다. 오직 인간만이 태어난다. 왜냐하면 인간만이 "새로운 기원(initium), 즉 탄생을 통해 새롭게 등장하며 완전히 새로운 존재"이기 때문이다. 또한 인간만이 "스스로 행동하고 적극적으로 행위에 나선다". 아렌트에 따르면, "시작의 원리가 세계에 도래한 것"은 오직 인간의 등장과 함께 이루어졌다. 오직 인간만이 진정한 의미에서 태어날 수 있다. 왜냐하면 인간만이 시작할 수 있으며 행동할 수 있기 때문이다. 반대로, 탄생이야말로 행동에 내재된 새로움을 진정으로 우리에게 알려준다. "태어난다는 경험 없이는, 우리는 새로움이 무엇인지조차 알지 못할 것이다."

천 년이 넘는 이 유산에서 벗어나기는 쉽지 않다. 그러나 이를 위해서는 기독교 교리의 중심에 있는 직관을 단순히 버리는 것이 아니라, 어쩌면 상상의 극한에서 뒤집어버리거나, 아니면 차라리 극단으로 밀어붙여야 할지도 모른다. 불을 불로 다스리듯, 좋지 못한 신학을 가장 좋은 신학으로 물리쳐야 하는 것이다. 따라서 신이 탄생에 동참한다면, 신은 소·떡갈나무·개미·박테리아·바이러스 등 어떠한 자연적 존재 속에도 육화해야 한다고 상상해야 할지도 모른다. 탄생이 구원을 가져온다면, 그것은 어떤 탄생이든 어떤 순간이든 어떤 장소에서든 이루어질 수 있다. 따라서 모든 탄생이 신격화의 과정이자 신적 실체의 전달일 뿐만 아니라, 특히 신들의 메타모르포시스의 한 형태라고 상상해야 할지도 모른다. 그리하여 신은 자신 안에 모든 생명체를 포괄하고, 반대로 각각의 생명체는 신성을 증식한다. 모든 역사 속 종교들이 희미해질 만큼 성대하게 열린 신학의 카니발에서.

《에레혼(Erewhon)》을 쓴 저명한 영국 작가이자 다윈의 열렬한 독자인 새뮤얼 버틀러(Samuel Butler) 또한 이러한 관점을 제시한 바 있다. 버틀러는 《알려진 신과 알려지지 않은 신》에서 다음과 같이 썼다. "신이 인간이 될 수 있는 것은, 신이 다른 생명체가 될 수 있는 것보다 더 특별한 일이 아니다. 마치 우리가 우리 눈이 될 수 있는 것이, 우리가 지닌 다른 모든 기관이 될 수 있는 것보다 더 특별하지 않은 것과 같다." 이 새로운 육화에 대한 사고체계 속에서, 인간은 특권적인 자리를 차지할 수도 없고 그래서도 안 된다. "우리는 어떤 생명체가 다른 생명체보다 신과 더 닮았다고 인정할 수 없다." 생명체의 통일성은 신성의 흔적이니까. "그러므로 동물이든 식물이든 모든 생명체는 본질적으로 하나의 단일한 생물일 수밖에 없다. 이는 단순한 비유가 아니라, 문자 그대로의 진리를 담고 있다. 마치 한 인간의 손톱과 눈이 동일한 존재의 일부를 이루듯이, 우리와 이끼 또한 동일한 존재의 일부를 이룰 뿐이다. 우리는 바로 이 존재 안에서 신의 몸을 볼 수 있으며, 신의 육화의 신비 또한 이 존재의 진화 속에서 발견할 수 있다."

만약 탄생과 메타모르포시스가 생물학적·유전적·육체적 연속성 속에서 살아있는 존재들을 서로 연결하는 힘이라면, 그렇다면 버틀러처럼 탄생을 인물의 통일성, 유기체의 통일성의 관점에서 해석할 수도 있을 것이다. 그러나 이러한 관점도 생명을 탄생시키는 이들의 시각을 간과하거나 배제한다. 이제는 신이 세상을 탄생시키지도 않으며, 세상이 인간의 형태를 한 신을 낳지도 않는다. 모든 탄생은 신들의 이주 과정일 뿐이다.

지구가 하는 말

우리 모두는 이전 생명의 반복이다. 생명은 탄생을 통해 형성되기에, 언제나 반복된다. 다른 기원은 가능하지 않다. 생명은 그 이전 존재의 새로운 버전일 뿐이다. 생명 기원에 대한 모든 질문이 모순적이고 역설적인 이유가 바로 여기에 있다. 반복의 과정에서 각 생명은 과거와 애매한 관계를 형성한다. 생명은 과거의 상징이자 그 지표다. 생명은 과거를 내포하며, 동시에 과거의 육화된 표현이다. 그러나 이러한 표현에서, 과거는 단순한 기억이나 회상을 의미하지 않는다. 과거는 재구성되고, 임의적으로 변형되며, 새롭게 정비된다. 이와 같은 이유로, 모든 생명은 본질적으로 상징성을 지닌다. 우리는 언어의 탄생을 기다릴 필요가 없었다. 모든 생명은 그 자체로 이미 하나의 언어다. 탄생이란 해부학적·생리적 형태를 기호로 만드는 과정이다.

　탄생에 대한 보기 드문 성찰 하나가 이러한 자명한 사실로부터 도출되었다. 지크문트 프로이트의 제자이자 친구 중에서도 가장 천재적이며 이단적인 사상가였던 산도르 페렌치(Sándor Ferenczi)의 사유가 그렇다. 1924년 독일에서 처음 출간된 놀라운 저서 《탈라샤: 성생활의 기원에 대한 정신분석》에서, 페렌치는 모든 생명 형태가 태곳적 트라우마를 보상하려는 시도로서, "시원적 존재 형태들의 반복"이라는 견해를 제시한다.

그렇다면 탄생은 "바다가 마를 때 우리 동물 조상들을 포함해 수많은 동물 종들을 육지의 삶으로 내몰았던 대참사가 개체 안에 집약된 모습"을 보여주는지도 모른다. 사실 "바다가 마른 후, 물고기들 사이에서 이루어진 최초의 교미 시도는 동물의 몸속에서 이전에 익숙했던 환경, 즉 습하고 먹이가 풍부한 바다를 되찾으려는 것이었다. 이와 유사하지만 더 오래된 참사는 단세포 생물들이 서로를 잡아먹도록 유도했을 수 있으나, 어느 한쪽도 완전히 상대를 소멸시키지는 못했다. 이렇게 공존의 시기가 지난 후, 생명은 원시 형태로 늘 회귀하는 타협을 이루었고, 이는 일종의 공생을 기반으로 한 결합이었다. 즉, 수정된 세포가 원시 세포들(최초의 생식 세포들)을 생성하고 다시 방출하는 과정이 실현된 것이다". 이미 장바티스트 라마르크(Jean-Baptiste Lamarck)는 생명체의 환경과 해부학이 상징적 관계를 맺고 있다고 보았다. 해부학적 구조는 항상 과거 환경의 영향을 반영하는 상징이다. 반대로, 환경 또한 그 속에 거주했던 생명체들에 의해 형성된다. 여기서 상징체계는 한 세대의 것이 아니라, 세대를 초월한 의미를 획득한다. 생명의 모든 형태는 어떤 참사와 트라우마의 상징인 동시에, 그것을 극복하려는 시도를 나타내는 기호라 할 수 있기 때문이다. "우리가 유전이라 부르는 것은 어쩌면 단지 트라우마를 지우려는 고된 일을 후손에게 넘기는 것일지도 모른다." 유전적 동일성이란 "조상에게서 물려받아 개체를 통해 다시 전달된 트라우마의 총합을 나타낸다". 우리의 DNA는 '엔그램(engramme)'●의 모음이며, 모든 전투, 특히 속죄하고 구원을 얻으려는 생명체들이 경험한 패배를 기록한 상형문자 집합이다. 그러므로 이러한 관점에서 모든 생명체는 '랑그(langue)'이자 동시에 '파롤(parole)', 곧 상징체계이자 말하는 존재이며, 발화하는 주체가 된다.●● 그리고 이 발화하는 주체는 항상 지구라는 행성 그 자체다.

페렌치에 따르면, "한편으로는 어머니의 배와 바다, 대지 사

● 뇌에 저장된 기억의 물리적 흔적. 엔그램은 특정 경험이 뇌의 뉴런 네트워크에 남긴 변화로, 기억이 재생될 때 활성화된다. 현대 뇌과학에서는 기억·트라우마·유전의 개념과 밀접한 관련이 있다.

●● '랑그'와 '파롤'은 언어학의 기초를 세운 페르디낭 드 소쉬르가 제시한 언어 개념이다. 랑그는 사회적으로 공유되는 언어 체계(문법·어휘 등)이며, 파롤은 개인이 실제로 말하고 쓰는 구체적인 언어 사용이다. 즉, 랑그는 언어의 규칙이고, 파롤은 그 규칙을 활용한 개인의 표현이다.

이에 상징적 동일성이 존재하며, 다른 한편으로 남근·아이·물고기 사이에도 상징적 동일성이 존재한다". 모성은 우주적 현상이다. "어머니는 …… 실제로 바다의 상징이자 부분적 대체물이지만, 그 반대는 아니다." 모성은 언제나 지질학적 기능이자 행성 차원의 기능일 뿐 아니라 생명체 자체도 지구 전체의 상징이다. 그러므로 생명은 우주가 스스로를 드러내도록 해주었다.

변신, 그것은 운명

일단 태어났으면 선택의 여지가 없다. 탄생은 변신(메타모르포시스)을 우리의 운명으로 만든다. 우리는 세상에 존재한다. 그저 태어났기 때문이다. 그 반대 또한 마찬가지다. 태어났다는 것은 우리가 이 세계의 일부라는 의미다. 우리는 질료적으로나 형상적으로 가이아와 동일하다. 즉, 우리는 가이아의 몸이고, 가이아의 살이며, 가이아의 숨결이다. 이러한 일치는 우리 몸이 단순히 공간상 지구 안에 자리잡고 있다는 것보다 더 낯설고 복잡한 것이다. 물론 우리는 이 세계의 일부다. 그러나 우리는 그 일부의 형태를 바꾸어야만 했다. 우리는 한 줌의 원자, 이미 존재했던 몸이다. 그리고 우리는 그것에 새로운 방향, 새로운 운명, 새로운 생명의 형태를 부여하고자 했으며, 그렇게 할 수 있었고, 그렇게 해야만 했다. 우리는 이 행성의 메타모르포시스다. 우리 모두가 그렇다. 그리고 오로지 그 메타모르포시스를 통해서만 우리는 우리 자신에게 그리고 다른 몸에 다다를 수 있었다. 우리는 태어나기 위해 우리가 머무는 물질의 일부를 변화시켰다. 우리는 우리 부모의 몸과 생명을 우리 것으로 만들어 그 흐름을 변화시켰다. 그들의 DNA·자아·웃음·목소리·억양은 우리 몸속에서 흐트러진 채 방향을 바꾼다.

우리의 삶(vie)은 타자의 생명(vie)을 변신시키는 행위로 시작된다. 딸 또는 아들이 된다는 것(즉, 태어난다는 것)은 무엇보다도 이런 의미다. 타자의 몸, 그러니까 부모의 몸과 세계의 몸을 변신시키는 행위일 수밖에 없는 것이다. 이 변신 행위는 출산과 탄생으로 끝나지 않는다. 변신에는 결코 끝이 없다. 자아는 언제나 차이를 생성한다.

이 똑같은 몸짓을 지속함으로써만 우리는 계속 살아갈 수 있을 것이다. 변신은 결코 멈추지 않을 것이다. 변신은 탄생이 남긴 단순한 상처가 아니다. 변신은 곧 운명이다. 변신은 과거에 일어난, 되돌릴 수 없는 사건이 아니다. 변신은 모든 생명체의 삶의 방식이다. 변신은 어떤 수동성의 형태로 정의될 수 없다. 그것은 살아있는 존재가 자기 자신과 세계를 마주하며 활동하는 무한한 공간이다.

변신은 타자의 몸과의 결합이자 일치다. 우리는 타자의 몸을 받아들이고 서서히 길들인다. 변신을 경험한다는 것은 타자의 몸을 '나'라고 부를 수 있는 것이다. 변신하는 모든 존재, 즉 태어난 모든 존재는 이렇게 타자로 이루어지며, 자기 자신 안에 타자가 머물기에 자기가 존재할 수 있다. 이 타자성은 절대로 사라질 수 없을 것이다. 우리가 (유전적으로) 기원에서 아주 멀리 떨어진 구성물이라 하더라도, 타자는 우리 안에 남아있다. 유전이라는 개념은 다음과 같은 점을 완벽히 보여준다. 우리 안에 있는 것들 중 가장 내적이고 근본적인 것, 즉 우리의 유전적 정체성은 타자에게서 온 것이며, 타자에 의해 조합된 것이다. 우리가 지닌 형태는 결코 '존재하다(être)'라는 동사와 결합되지 않을 것이다. 왜냐하면 그 형태는 단지 소유(possesion)를 정의하기 때문이다. 즉, 우리가 가지고 있는 어떤 것, 하나의 아비투스(habitus)* 말이다. 우리는 결코 타자와 완전히 하나로 통합될 수 없을 것이며, 늘 우리 안에는 타자성의 흔적이 남아있을 것이다. 그러나 이 타

● 프랑스 사회학자 피에르 부르디외가 제시한 개념으로 사회 구조가 개인의 몸과 사고에 내재화된 체계다. 즉, 아비투스는 개인이 무의식적으로 따르는 생활 방식, 감각, 태도를 결정하는 사회적 형성물이다.

자성은 우리에게 주어진 것이다. 이제 그것은 변화를 겪을 수 있다. 유전이란 타자에게 속한 것을 자기 것으로 만들어 변형시키는 가능성을 표현한다.

이러한 관점에서 메타모르포시스란 우리가 완전히 자기 자신일 수 없으며, 완전히 타자와 뒤섞이거나 동화될 수도 없는 채로 타자를 자기 안에 품고 살아야 하는 조건을 뜻한다. 태어남이란 곧 순수하지 않은 것, 자기 자신이 아닌 것이며, 어딘가에서 온 이질적인 것을 자기 안에 간직하는 것이다. 그리고 그것은 우리를 매번 우리 자신에게서 낯선 존재로 만들도록 추동한다. 우리는 우리 안에 부모를, 조부모를, 그들의 부모를, 인간 이전의 원숭이를, 물고기를, 박테리아를, 그리고 탄소·수소·산소·질소 등 최소한의 원자들까지 품고 있다. 우리는 결코 동질적이거나 투명하거나 완전히 식별 가능한 존재일 수 없을 것이다.

메타모르포시스는 단순히 서로 다른 두 모습의 이어짐이 아니다. 메타모르포시스란 누구도 완전히 다른 존재로 대체될 수 없으며, 단 하나이자 동일한 생명 안에 가장 동떨어져 있고 서로 모순돼 보이는 가능성들이 동시에 공존하는 상태다.

세계의 거울

모두가 그러하듯, 나는 완전히 잊어버렸다. 떠오르는 이미지가 없다. 우리는 이미지들을 모으고, 저장하고, 보관한다. 우리는 그것들을 방 벽에 걸어두고, 휴대폰 속에 수집하며, 우리 얼굴을 대신하는 것으로 여긴다. 우리가 보고, 듣고, 느끼고, 만져본 모든 것을 우리는 세계의 진리로 여긴다. 그렇지만 우리가 존재한 최초의 순간에 듣고, 보고, 느꼈던 것을 우리는 전혀 알지 못하며, 알고자 하지도 않는다. 세상이 우리에게 남긴 첫 이미지를. 우리가 태어나자마자 보고 느낀 것을. 그때는 아직 볼 줄 모르는 눈이기에.

모두가 그러하듯, 나는 완전히 잊어버렸다. 아니, 어쩌면 나는 잊어버리지 않았는지도 모른다. 어쩌면 이 맛과 냄새, 이 빛과 이 모든 최초의 이미지들이 우리가 지각(知覺)하는 모든 것의 뼈와 살이 되었는지도 모른다. 모든 것이 세계 내에 존재하는 것처럼 보이는 것은 어쩌면 바로 이러한 이미지 덕분일지도 모른다. 그 무엇을 색깔과 형태를 가진 사물들로, 이 세계의 실제 모습으로 변화시키는 것은 어쩌면 이 이미지일지도 모른다.

우주의 이미지를 떠올릴 때, 우리는 한 장의 사진을 떠올린다. 1972년 12월 7일, 우리 세계에서 약 2만 9000킬로미터 떨어

진 우주에서 찍은 AS17-148-2272, 또는 '푸른 구슬(Blue Marble)'
이라는 사진이다. 지구를 떠올릴 때마다, 우리는 텅 빈 공간 속
에 떠 있는 이 구체를 떠올린다. 그러나 우리는 궤도를 떠나거나
우주로 나아가지 않아도 지구의 모습을 볼 수 있다. 왜냐하면 우
리들 각자가 바로 지구의 한 모습이기 때문이다.

태어난다는 것은 단순히 세계의 일부가 된다는 것이 아니다.
그것은 또한 무엇보다도 세계 지도가 펼쳐지는 것과 같다. 모든
살아있는 존재는 단순히 하나의 세계가 아니라, 자신 안에 세계
자체를 이미지로 받아들이게 되는 거울이기도 하다. 우리는 주
체이자 이미지로 존재하는 세계다.

생명은 그저 세계의 변형이 아니다. 생명은 세계가 자신의
일부분 속에 투영되는 시점이며, 세계는 자신의 일부분을 통해
보존되는 이미지가 된다. 우리가 의식이라 부르는 것은 단지 지
구가 스스로를 비추는 상(像)일 뿐이며, 모든 생명체는 필연적으
로 세계의 의식이다. 여기서 생명체는 해부학적 구조가 아니라
세계를 비추는 거울로서 세계의 이미지인 것이다. 꼭 세계를 지
각해야 하는 것도 아니다. 모든 생명체는 그가 행하는 모든 것
속에서 세계의 전체성을 반영하는 존재이며, 지구 전체의 이미
지가 되고 동시에 그 이미지를 보존하는 능력 자체이기도 하다.
우리는 전체를 파악하기 위해 전 세계로 나아갈 필요가 없다. 모

든 살아있는 존재의 내면에는 모든 것에 대한 하나의 관점이 존재한다. 그리고 이 관점, 이 전체는 어떤 대상의 것이 아니라, 존재 가능한 어떤 생명의 것이다. 이것이 세계가 다시 자기 집을 찾도록 하는 방식일 것이다.

모두가 그러하듯, 나는 완전히 잊어버렸다. 나는 잊어버릴 수밖에 없었다. 모든 새로운 생명은 지구가 살아갈 새로운 집이며, 지구가 '나'라고 말하는 새로운 방식이다. 그리고 이 지구는 그렇게 하기 위해 스스로를 잊어야 한다. 각각의 탄생에서, 우리 각자 속에서, 그리고 모든 생명체 속에서, 지구는 자기 자신이었던 것과 그 순간까지의 자신을 잊는다. 자신의 얼굴을 새롭게 하고, 자신의 역사를 새롭게 쓰기 위해. 단풍나무의 몸에서든 독수리의 몸에서든, 그것은 중요하지 않다. 살아있는 모든 것이 지구의 환생 그 자체다.

고치

탈바꿈

나는 자주 꿈꿨다. 고치에 갇힌 나를. 어떻게 생긴 고치든 상관
없다. 내 아파트의 방 한 칸이든, 어느 먼 나라 시골집이든, 바
다 깊숙한 곳 잠수함이든. 세계와의 모든 관계를 끊고, 물질이
작용하는 과정에 나를 맡기는 것, 그것을 꿈꿨다. 내 영혼이 다
듬어지고, 새로운 형태로 다시 이어짐을 느끼는 것을. 영혼을 조
각하고, 영혼 전체를 변화시키는 힘을 체험하는 것을. 깨어나서,
내가 나에게 속한다고 믿었던 것, 나 자신이라고 여겼던 그 어떤
것도 찾을 수 없는 것을. 깨어나서, 나를 둘러싼 세계조차 돌이

킬 수 없이 달라져 있음을 깨닫는 것을. 세계의 질감도, 밀도도, 빛의 밝기도.

나는 자주 꿈꿨다. 며칠 동안 나를 세계와 단절시킬 비단실로 감싸인 나를. 그 부드럽고 순수한 알 속에 나를 가두고, 그 안에서 내 몸이 스스로 작용하도록 두는 것을. 세계조차 더 이상 같은 세계가 아닐 만큼 극단적인 변화를 겪는 것을. 더 이상 같은 방식으로 볼 수 없을 때까지. 더 이상 같은 방식으로 들을 수 없을 때까지. 더 이상 같은 방식으로 살아갈 수 없을 때까지. 낯설어지는 것을. 낯설어진 세계 속에 머무르는 것을.

나는 자주 꿈꿨다. 애벌레의 힘을 가진 나를. 애벌레인 내 몸에서 돋아나는 날개를 보는 것을. 기어가는 대신 날아가는 것을. 땅이 아니라 공기에 몸을 의지하는 것을. 죽거나 다시 태어나지 않고서도 하나의 존재에서 다른 존재로 건너가는 것을. 그리고 그 과정에서 세계를 건드리지 않고서 뒤흔드는 것을. 가장 위험한 형태의 마법을. 죽음에 가장 가까운 삶을. 변태(메타모르포시스)를.

나는 오랫동안 이것이 왜 단지 꿈에 불과한지 알 수 없었다. 왜 한 번도 깨어 있는 현실에서 이를 경험하지 못하는지. 그건 무엇보다도 변화에 대한 불안이 존재하기 때문 아닐까.

이동과 변형은 현대인이 집착하는 두 물신(fétiche)이다. 하지만 모든 것은 오히려 변화의 움직임이 불가능하도록 설계되었다. 우리는 이동을 갈망한다. 사회에서 자기 위치를 바꾸고, 사는 터전을 옮기고, 한 상태에서 다른 상태로 넘어가기를 바란다. 하지만 이 모든 변화는 환상에 불과하다. 우리는 같은 생명을 새로 꾸며진 집에 옮겨놓을 뿐이다. 그저 진실 위에 쳐진 거미줄을 가려놓은, 그럴듯한 눈속임에 속은 채로. 우리 영혼 속에는 손때도 묻지 않은 낡은 가구가 그대로 남아있다. 세계화는 인류 역사상 전례 없는 이동이 일어날 것을 예고했으나, 결국 주사위로 하는 보드게임의 글로벌 버전에 불과한 것으로 드러났다. 이동은 활발하지만, 그 과정에 참여하는 사람들은 여전히 이전과 다를 바 없다. 부자는 여전히 부자이고, 가난한 이는 출발할 때와 다를 바 없이 기회를 갖지 못한 채 종착지에서도 여전히 가난하다. 서양인은 어디에 있든 여전히 서양인으로 남아있고, 아프리카인은 여전히 서양에서 배제되고 처벌받는다. 이러한 이동이 사회 계층이나 세계 지형을 변화시킨다고 해도, 거기서 일어난 이동은 정육면체들로 이루어진 퍼즐인 루빅스 큐브 움직이기와 같다. 정육면체들의 색깔과 수는 변하지 않고 그저 위치만 바뀌는 그러한 이동일 뿐이다.

우리는 세계의 변형, 진보와 개선을 추구하는 열정이 흔들림 없길 바란다. 하지만 정작 실제 변화는 우리를 두렵게 한다. 주변 물건들을 계속 바꾸라고 하면서도 마음속 깊이는 우리 정체성이 바뀌길 바라지 않는다. 우리는 우리를 지탱하는 그 무언가를 잃어버릴까봐 두려워한다. 우리는 세계의 뿌리까지 바꾸어놓았다. 하지만 그러한 변화는 우리를 마비시킨다. 우리는 그에 따라 우리 자신도 함께 변화하는 것을 받아들이지 못한다.

매번 변형은 단지 흉내에 불과하다. 매번 이동은 제자리걸음일 뿐이다. 우리를 붙드는 무언가가 있다. 우리와 메타모르포시스 사이를 갈라놓는 무언가.

우리는 변형과 변화를 두 가지 모델, 전향(conversion)과 혁신(révolution)으로 생각하는 데 익숙하다. 그러나 메타모르포시스는 전향도 혁신도 아니다.

전향에서 변화하는 것은 오직 주체뿐이다. 주체의 의견, 태도, 존재 방식까지 변모하지만, 그러나 세계는 변함없이 그대로 남아있으며, 또 그래야만 한다. 전향으로 영향받지 않는 세계만이 전향한 사람의 변화를 증언할 수 있으니까. 전향은 대개 시련과 계시, 그리고 오랜 절제와 금욕 수행과 같은 내적 여정의 결과다. 이 변화는 자기 자신을 완전히 절대적으로 통제해야만 이루어질 수 있다.

전향만큼 변신과 거리가 먼 것도 없을 것이다.

전향은 주체의 절대적 힘을 드러내 보이며 사람들을 홀린다.

전향한 자는 친구들에게 이렇게 말할 것이다. "나는 더 이상 네가 아는 사람이 아니야(ego non sum ego)." 그는 과거를 부정하고, 자신을 억누르며, 자신의 일부를 잘라내야만 할 것이다. 그는 새로운 얼굴과 정체성을 받아들이고, 습관과 품행을 바꾸며, 변화하려는 의지로 불태운 과거에서는 아무것도 찾을 수 없게 된다. 그는 이 변화가 자신으로부터, 오직 자신으로부터 비롯된 것임을 확신할 것이다. 새로 만들어진 정체성은 그 뒤에 숨은 얼굴 없는 '나'에 의해 전적으로 만들어진 것이다. 그러나 전향이란 그저 세계에서 일어나는 모든 일로부터 자신을 보호하기 위해, 철저히 길들여진 힘을 자신으로 삼아 그 모습을 매일 찬양하는 것일 뿐이다.

메타모르포시스에서 우리를 거쳐 가고 우리를 변화시키는 힘은 전혀 의식적 행위도 아니고 개인의 의지에 따른 행위도 아니다. 그 힘은 우리 외부에서 오며, 그 힘이 만들어낸 몸보다 더 오래된 것이다. 그리고 그것은 모든 개체의 결정을 초월해 작용한다. 특히 과거나 정체성을 부정하는 일은 없다. 오히려 변신하는 존재는 단 하나의 얼굴 속에서 자신을 동일시하려는 모든 야망을 내려놓은 존재다. 애벌레와 나비를 관통하는 생명은 그 어느 하나로도 환원될 수 없다. 그것은 동시에 여러 형태를 살아가고 품을 수 있는 생명이며, 이러한 이중적 특성을 자신의 힘으로 삼는 생명이다.

두 번째 모델인 혁신은 더 널리 알려지고 퍼져 있다. 이 모델에서는 세계가 변화한다. 그 변화의 원인이며 한 세계에서 다른 세계로의 이행을 보장하는 존재인 주체는 스스로 변모할 수 없다. 왜냐하면 진행 중인 변화의 유일한 증인이기 때문이다. 혁신은 현대 기술과 현대 정치가 가장 선호하는 변화 형태다. 이둘은 오로지 급진적 전환이 아니면 세계의 변화를 생각하지 못하는 듯하다. 기술은 변화를 구현하면서도 주체를 건드릴 수도, 건드려서도 안 되는 패러다임의 전형이다. 기술적 도구는 자신이 접촉하는 대상을 변화시키면서도, 스스로는 절대 변해서는 안 된다. 오히려 변화로부터 분리된 정도가 기술의 효율성을 결정한다. 이 때문에 모든 기술은 그 기술이 적용되는 대상을 진정으로 개선하는 과정이라기보다는 기술자, 즉 행위 주체가 빠져든 열정적 행위인 것이다. 혁신을 주요 목표로 삼고 이를 기획하는 모든 정치에 대해서도 같은 점을 지적할 수 있다. 왜냐하면 전적으로 특정 의지의 행위에서 출발해 세워진 어느 세계의 꿈속에는 물질과 세계에 대한 사랑도 변화에 대한 관심도 거의 없기 때문이다. 오히려 나르시시즘, 거울에 비친 자기 모습으로 현실을 바꾸려는 시도가 넘쳐난다. 이러한 의미에서 모든 혁신은 우리가 생각하는 것보다 훨씬 더 전향에 가깝다. 두 경우 모두 주체는 자신의 힘을 응시할 뿐이다.

혁신은 전향만큼이나 메타모르포시스와 거리가 멀다. 200년 넘게 우리는 두 가지 의미에서 기술을 해부학적 기관의 확장으로 생각해왔다. 무엇보다 기술 제품은 우리 몸을 이루는 기관들의 형태를 신체 외부에 복제한 것이었다. 망치는 난순히 팔뚝과 주먹의 모방이며, 안경은 수정체의 모방이고, 컴퓨터는 신경계의 모방이다. 두 번째로, 모든 기술 제품은 주체와 그의 의지를 몸 밖으로 확장하는 것으로 여겨지곤 한다. 그러면 결과적으로 세계는 자아의 연장이 된다. 이런 일은 메타모르포시스에서 일어나는 일과 정반대다. 고치는 해부학적 몸의 한계를 넘어 자신을 확장하는 도구가 아니다. 오히려 고치는 자신과 세계의 정체성과 모든 경계가 일시적으로 중단되는 문턱을 만들어낸다. 그것은 세계를 자기 형성의 실험실로 만들고, 자기를 세계에서 가장 소중한 물질로 만드는 교차(chiasme)이다. 그리고 이 물질은 끊임없이 세계를 변화시킨다.

곤충

곤충은 어디에나 존재한다. 곤충은 무수히 많다. 곤충은 다른 어떤 생물 부류보다도 서로를 잘 구별할 수 있다. **동물계** 생물 다양성의 압도적 다수(90퍼센트)는 곤충의 해부학적 댄디즘 덕분일지도 모른다. 곤충의 종(種) 수는 약 600만에서 1000만 종 사이로 추정된다. 그러나 그 몸의 상상력은 새로운 종 특유의 정체성을 창조하는 데만 국한되지 않는다. 곤충은 동일한 개체의 삶 동안 매우 다른 몸을 형성할 수 있는 능력도 있어서, 사람들은 오랫동안 곤충이 한 종에서 다른 종으로 변신할 수 있는 마법적 존재라고 상상했다. 마치 곤충이 하나의 동일한 개체적 존재의 형태적 다수성 속에서, 종들 사이에 존재하는 형태 증식을 향한 약동을 응축해냈다는 듯이 말이다. 곤충은 지구상의 생물 다양성을 개인적 솜씨의 문제로 바꿔놓는다.

　애벌레는 나비로 변태하면서 서로 다른 종들 사이에 존재하는 만큼의 뚜렷한 형태적 다양성을 자신의 삶 속에서, 자기 자신으로부터 만들어낸다. 곤충은 서로 다른 종으로 살아봐야만 접근할 수 있는 차이를 자신들의 삶의 방식 속에 심어놓았다. 사실 곤충의 삶의 방식을 정의하기 위해서 오비디우스가 라틴어에 도입한 용어가 바로 메타모르포시스다.● 이후 이 단어는 생물학에

● 고대 로마의 서사시인 오비디우스는 《변신 이야기(Metamorphoses)》에서 신화와 전설 속 인물들의 변신과 형태 변화를 서사시 형식으로 묘사했다. 여기서 제

서 사용되었고, 자연학자 토머스 모페트(Thomas Moffet)가 최초로 차용했다. 그의 저서 《곤충 또는 작은 동물들의 극장》은 현대 정치철학에까지 깊은 영향을 미쳤다. 그가 곤충의 사회적 삶을 인간 사회를 이해하기 위한 모델로 사용했기 때문이다. 만약 정치학이 다양성에 관한 학문이라면, 우리는 공존의 방법을 이 다양성의 대가들에게 물어야 한다.

곤충은 메타모르포시스의 대가들이다. 하지만 처음부터 그랬던 것은 아니다. 곤충은 이 능력을 타고난 것이 아니라, 시간이 흐르면서 스스로 만들어냈다. 이 점이 그들의 업적을 더욱 놀랍게 만든다. 초기 곤충은 날개가 없었고 형태 변화를 경험하지 않았다. 이 능력에는 자연스러운 것도, 본래부터 있던 것도, 자발적인 것도 전혀 없다.

모든 원인은 피부에 있다. 부드럽고 솜털 같은 우리 피부 대신 자동차 차체 또는 그랜다이저나 우주소년 아톰의 강철 갑옷 비슷한 껍질을 갖고 있다고 상상해보라. 골격이 우리를 지탱하듯이, 피부가 지탱해준다고 상상해보라. 피부가 우리를 보호하고, 우리에게 형태와 구조를 부여할 수 있다고 상상해보라. 이런

목에 쓰인 단어 Metamorphose는 신화 속 인물들이 신에 의해 또는 저주나 축복으로 인해 동물·식물·별·바위 등으로 변신하는 사건을 가리킨다.

유형의 몸에서는 피부를 바꾸는 일이 곧 형태를 바꾸는 일이다. 이런 몸에서는 모든 성장이 변태를 의미한다. 우리 삶이 하나의 형태에만 머물고 변화는 단지 그 형태의 크기 변화에 불과하다는 허구는 사라진다.

곤충의 관점에서 보면, 형태가 전부이며 모든 차원의 변화는 새로운 형태의 창조다. 양적 현상과 질적 현상의 구분이 없으며, 모든 성장은 변태다. 곤충의 해부학적 구조는 다른 생명체의 몸에서는 거의 감지할 수 없는 것을 가시화한다. 형태는 태어날 때 한 번 주어지고 끝나는 것이 아니라, 우리 존재의 매 순간 계속해서 만들어지고 해체된다. 탄생이 형태를 구성하는 과정이라면, 변태를 통해 탄생은 더 이상 단일한 사건이 아닌, 생명 그 자체의 선험적 형식이 된다.

이러한 이유로 16세기부터 곤충은 생명의 본성과 형태 변화 간의 관계를 이해하기 위한 실험대가 되었다. 어느 면에서 곤충의 변태는 가장 근본적인 변형을 사유하기 위한 패러다임이 된다. 예를 들어, 얀 후다르트(Jan Goedart)는 변태에서 죽은 자의 부활의 상징이나 알레고리를 본다. 곤충은 지상의 삶을 떠난 후 날개를 펼쳐 하늘로 날아오른다. 마치 부활한 자들처럼, 이 "새롭고 더 행복한 삶"에 도달하기 전에 곤충은 "죽은 자들처럼, 움직이지 않고 먹지도 않으며, 새로운 삶의 형태와 새로운 몸을 얻을 때까지" 한동안 머물러 있어야 한다.

또한 변태는 정화(purification)의 알레고리이기도 하다. 곤충이 낡은 몸을 벗어버리고 새로운 삶의 방식을 얻는 것처럼, 인간이 새로운 삶의 방식을 받아들이기 위해 이전 삶의 방식을 벗어버리는 것처럼.

인간과 곤충에 대한 이 극단적인 비교는 쉽게 뒤집어 해석될 수 있다. 변태란 우리 몸이 형태를 바꿀 때마다 일어나는 세속적 부활일 것이다. 이러한 이유에서 볼테르는 "지구를 덮고 있는 변태하는 존재들"을 환생과 윤회의 상징으로 언급했을 것이다. "우리의 영혼은 한 몸에서 다른 몸으로 건너갔다. 거의 알아차릴 수 없는 미세한 점이 벌레가 되고, 이 벌레는 나비가 된다. 도토리는 떡갈나무로 변하고, 알은 새로, 물은 구름과 천둥으로 변한다. 나무는 불과 재로 변한다. 결국 자연 속에서 모든 것이 변태를 겪는 것처럼 보인다." 하나의 유일하고도 동일한 생명 안에서 일어나는 이 부활 또는 환생은 현대 곤충학에서 전혀 다른 양상을 띤다. 예를 들어, 1958년 저명한 곤충학자 캐럴 윌리엄스(Carroll M. Williams)는 곤충의 삶을 "연이어 두 개의 삶을 사는 듯" 반대되는 두 형태의 병치에 빗댔다. 유기체의 첫 번째 삶은 개체의 영양 섭취에 집중하면서 개체의 미래를 준비하는 삶으로, "애벌레 다리로 이동하는 거대한 소화기관"이다. 그리고 유기체의 두 번째 삶은 "종의 미래"에 헌신하는 삶으로, "짝짓기에 몰두하는 비행 기계"라고 할 수 있다. 변태란 두 개의 상반된 몸이 동일한 개체에 속할 수 있게 하는 메커니즘일 뿐이다.

이와는 반대로, 어떤 이들은 곤충의 변태를 가장 평범한 변화 중 하나로 이해하려 했다. 모든 형태 변화에서 연속성과 통일성을 찾고자 했던 얀 스바메르담(Jan Swammerdam)은 "이 변화는 식물과 꽃이 겪는 변화보다 놀라울 것이 전혀 없다"는 점을 증명하려 애썼다. "동물은 꽃봉오리 속 꽃처럼 번데기 안에 감싸여 있다." "사람들은 이 변화를 때로는 탈바꿈이라고, 때로는 죽음과 부활이라고 잘못 불러왔다. 그러나 이 변화 자체는 들판에서 자라는 가장 보잘것없고 초라한 잡초들이 겪는 것과 딱히 다를 바 없다. 더 감춰져 있는 것도 더 놀라울 것도 전혀 없다. 사람들이 풀을 밟기까지 하며 무시하는 데는 그 까닭이 있는 것이다." 또한 곤충이 획득한 다양한 형태 사이의 형태적 불연속성을 강하게 강조하려는 모든 입장에 반대하며 스바메르담은 "이제 막 꽃을 틔우려는 봉오리에 연한 꽃잎이 감싸여 있는 것과 같이" 모든 연속적인 형태가 "벌레 안에, 혹은 그 껍질 아래에 감싸여 있다"고 지겹도록 반복해 말했다. "왜냐하면 번데기 속 다리는 자신을 감싸는 껍질 속에서 조금씩 자라다가, 힘을 받고 있던 껍질이 버티지 못하고 부서지면서 다리가 나올 통로가 열리면, 그

제야 밖으로 뻗어 나오기 때문이다. 이는 꽃이 자라면서 자신을 감싸던 봉오리를 터뜨리는 것과 같은 원리다. 번데기의 진정한 본질은 이전까지 감춰져 있던 다리가 나타났을 때 동물이 처한 상태, 바로 그 상태에 있다." 변태는 만개하는 꽃과 같이 생명체가 정점의 순간에 드러나고 펼쳐지는 움직임일 뿐이다. 그러나 곧 살펴볼 것처럼 이 같은 비교 속에는 생명체 내부에 존재하는 형태의 다수성을 사유하는 아주 근본적인 방식이 숨겨져 있다.

　두 경우 모두 곤충 탐구는 하나의 유일하고 동일한 생명 속에서 가장 이질적인 형태들을 조합하는 다양한 전략을 서술한다는 의미다. 곤충의 삶은 단 하나의 형태로는 결코 표현할 수 없어 보인다. 곤충은 생명의 한 형태(une forme de vie)라기보다는 여러 형태의 생명(la vie des formes)인 것이다. 우리는 세계에 대해서도 이같이 말할 수 있다. 시대도, 상황도, 실제 해부학적 윤곽도 가지각색임에도 모든 곤충은 세계들의 행진이다. 변태는 서로 양립할 수 없는 여러 세계가 하나의 생명 안에서 연결되도록 한다. 자아는 자신을 둘러싼 세계의 반영이나 거울이 아닌, 여러 우주의 종합체가 된다. 이렇게 현대 생물학은 애벌레와 성충처럼 해부학적으로나 생리학적으로나 거리가 먼 두 형태의 공존을 생태적 장점이라는 가설로 설명한다. 즉, 성충과 유충은 같은 세계에 살지 않으며, 서로 만나지 않고 경쟁하지 않는다. 그들은 특정 세계, 특정 생태계, 특정 풍경에 국한되지 않는 생명을 구현한다. 생명체는 항상 양립 불가능하고 동떨어져 있는 세계들을 연결하고, 한 풍경에서 다른 풍경으로 이동하며, 항상 생태학의 경계를 넘어서는 요소다.

모든 생명체는 키메라

곤충의 삶은 병풍 그림과 같다. 단 하나의 초상화로는 곤충의 삶을 포착할 수 없다. 여러 개의 그림을 나란히 배열해야 한다. 그렇기 때문에 곤충의 삶에 대한 보다 정확한 현상학은 순전히 언어적인 범주화보다는 시각적이거나 회화적인 접근을 통해 훨씬 더 쉽게 이루어진다. 이 다양한 형태와 그 명칭에 대한 정식 분류는 1767년 칼 폰 린네(Carl von Linné)가 저술한 《자연의 체계》에서 처음 제시되었다. 린네는 알 이외에도 유충과 번데기, 성충이라는 세 가지 형태를 구분했다. 이 세 단계는 이미 하나의 목적론적 형태를 정의한다. 즉, 최종 단계에 이르러서야 비로소 곤충의 실제 모습이 드러난다. 현대 곤충학은 세 가지 경우를 구분한다. 무변태(amétabolie)는 크기 변화만 나타내는 경우이며, 이는 돌좀(Archaeognatha)과 좀(Zygentoma)에서 볼 수 있다. 반(半)

변태(hémimétabolie) 또는 불완전 변태는 메뚜기·흰개미·노린재처럼 유충이 성충과 크기가 다르고 날개나 생식기가 없지만, 기본적으로 성충과 닮은 경우다. 이 경우에도 유충은 성충에게는 드러나지 않는 몇몇 특성을 지닌다. 완전변태(holométabolie)는 딱정벌레나 나비처럼 유충이 성충과 외형적으로 매우 다르며, 중간 단계(번데기 단계)가 존재하는 경우다.

그러나 변태의 각 단계들, 탈피와 탈피 사이의 여러 중간 단계, 한 형태에서 다른 형태로 넘어가는 접합점을 탐색하기는 쉽지 않다. 변태에 관한 지식이 단순히 저술뿐만 아니라, 유럽의 가장 위대한 삽화가 중 한 명인 마리아 지빌라 메리안(Maria Sybilla Merian)의 시각적 탐구를 통해 진일보한 것은 우연이 아니다. 1647년 프랑크푸르트에서 태어난 그녀는 저명한 판화가이자 출판업자인 마테우스 메리안의 딸로, 어린 시절부터 곤충의 생애를 관찰하는 데 몰두했다. 그리고 31세에 곤충에 관한 첫 저서인 《애벌레의 놀라운 변태와 기묘한 꽃 먹이》를 출간했다. 훗날 그녀는 아주 어린 나이부터 곤충 관찰에 매료되었다고 회고했다. "곤충 관찰은 내가 태어난 프랑크푸르트암마인에서 발견했던 누에를 관찰하며 시작되었다. 그러다가 밤낮을 가리지 않고 아름다운 나비들이 이 애벌레들에게서 태어난다는 것을 알았고, 이윽고 나는 보이는 모든 애벌레를 모아 그들의 변태를 관찰하게 되었다." 그녀의 책 첫 번째 삽화에 누에가 등장하는 것은 우연이 아닌 것이다.

첫 책을 발간한 후 21년이 지난 1699년 6월, 그녀는 막내 딸과 함께 두 달간 수리남으로 여행을 떠났다. 그녀는 그곳에서 21개월간 머물며 현지의 동식물을 연구했다. 이 연구의 결과가 바로 《수리남 곤충의 변태》라는 걸작이다. 이 두 권의 삽화로 그녀는 시각적으로나 개념적으로나 혁신을 이루었다. 변태를 묘사하기 위해 그녀는 생명 자체를 하나의 세계로 간주하는 일종의 통시적 앨범(album diachronique)을 그린다. 곤충의 초상화는 "애벌레·벌레·여름새·나방·파리, 그리고 다른 작은 동물들의 먹이가 되는 식물들, 그리고 이들의 시간·장소·특성에 따른 변화"를 한 앨범 안에 모두 담는다. 배경에 있던 것들이 이미지의 중심을 차지한다. 변태는 하나의 통합된 틀 안에 여러 세계와 여러 형태를 연결해 생을 전개한다. 변태는 일련의 세계를 잇는 **야외 지도**라고 표현할 수 있다. 그리고 각 세계는 한 세트의 형태들로 가득 차 있다. 변태하는 힘으로서 모든 생명은 펼쳐지는 중인 지도와 같다. 생명은 한 영토에 머물지 않는다. 생명은 자신의 육체 안에 영토의 지도를 품고 있다. 공간은 더 이상 생명을 담는 그릇이 아니다. 생명 자체가 하나의 몸으로부터 여러 가지 형태와 여러 가지 세계를 펼쳐낸다. 생명이라는 하나의 몸은 자기 안에서 우주의 지도를 만들어간다. 시간이 지나면서 서서히 드러날 지도를. 시간의 흐름에 따라 연속적으로 변화하는 지도를. 생명은 스스로를 장소, 거주 공간, 탐험할 영토, 펼쳐질 영토로 삼아야 하며, 모든 변태는 바로 이러한 생명의 의무에 해당한다. 여기서 해부학과 지리학이 합쳐진다.

변태는 일련의 이질적인 세계들과 이질적인 형태들을 **단일한 생명의 흐름** 안에 구성하는 과정이라고도 할 수 있다. 이 다양한 형태를 통해 유일한 '나'가 드러난다. 모든 형태는 자기 자신 속 깊은 곳에서 전달되는 순수한 실재인 듯하다. 마찬가지로, '나'의 역할은 한 형태를 다른 형태에 전달하는 것이자, 한 몸을 다른 몸에, 한 세계를 다른 세계에 전달하는 것이다. 변태는 생명을 자기 자신에게 전달하는 형태로 만든다. 이것은 임신과 비슷하면서도 반대되는 움직임이다. 임신은 한 몸이 두 생명과 두 세계를 품지만, 변태에서는 두 몸과 두 세계가 하나의 생명을 공유한다.

근본적으로 다른 두 형태와 두 세계를 단일한 생명의 흐름 속에 조합하는 것이 변태라는 발상은 현대 영국 생물학자 도널드 어빙 윌리엄슨(Donald Irving Williamson)에게서 나왔다. 2003년 저서 《애벌레의 기원》에 수록된 일련의 논문에서 그는 곤충과 해양 무척추동물에서 보이는 유충과 성충 간의 형태학적 차이는 다음과 같은 이유에서 비롯된다고 주장했다. "유충이 생물학적 주기에 들어온 것은 훨씬 나중의 일이었고, 유충은 먼 옛날 관계가 있던 동물의 성체에서 기원한 것이다." 이는 외딴 현상이 아니다. "때때로 서로 다른 종들이 교배해 새로운 동물이 태어났고, 이 동물들은 부모 중 하나를 닮은 형태로 부화한 후 변태해 다른 부모를 닮은 형태로 변했다." 그러므로 유충과 성충 간 차이는 서로 다른 두 종 사이만큼의 차이인 것이다. "유충과 성충은 각기 고유한 유전체를 가지며, 변태는 한 유전체의 발현에서 다른 유전체의 발현으로 전환되는 과정이다." "한 종의 난자가 다른 종의 정자를 통해 수정될 때" 윌리엄슨이 말하는 "차례대로 변화하는 키메라(chimère séquentielle)"●가 생겨난다. 이는 "부모 각각의 형태가 차례대로 표현되는 혼종"이다. "개체는 한 동물군의 일원으로 발달을 시작한 뒤 변태를 통해 완전히 다른 군, 때로는 전혀 다른 문(phylum)의 일원이 된다."

이 이론은 일부 극피동물에서 확인되었지만, 곤충에서는 확인된 바 없다. 그러나 이 주장은 어느 면에서 보면 그리 놀라운 것이 아니다. 콘스탄틴 메레시콥스키(Konstantin Mereschkowski)

● 키메라는 그리스 신화에 나오는 괴물로, 사자와 염소, 뱀이 합쳐져 머리가 셋이다. 생물학에서는 두 개 이상의 서로 다른 유전자나 조직을 가진 개체를 가리킨다.

의 엽록체 공생 기원설부터 이반 월린(Ivan Wallin)의 미토콘드리아 공생 기원설, 공생 메커니즘을 진화 과정의 근본 동력으로 일반화한 린 마굴리스(Lynn Margulis)의 연구를 거치면서 생물학은 충분히 소화하지 못한 채 다음 이론을 받아들였다. 모든 고등 생명체의 기본 단위인 진핵세포가 서로 먼 계통에 속하는 두 개체(박테리아와 고세균) 사이의 공생 발생에서 기원한 것이라면, 모든 종은 본질적으로 키메라라는 것. 모든 생명은 키메라 같은 본성을 가지고 있다. 이러한 통찰에 윌리엄슨이 덧붙인 것은, 혼종화가 생명의 초기 단계에서만 중요한 역할을 한 것이 아니라 "이후에 일어난 그리고 현재 일어나는 여러 동물군의 진화 역사"에도 중대한 역할을 했으리라는 점이다. "자연에 있는 수많은 동물이 진정한 키메라다." 윌리엄슨은 "유충을 이루는 구성 요소나 기관 중 어느 것도 직접적으로 성충의 구성 요소나 기관이 되지 않는다"는 점을 근거로, 유충의 복잡한 구조와 기능이 해체되고 성충으로 분화하며 재시작하는 생물학적 주기를 설명하는 데는 유충이 지닌 것이 전이되어 "첫 번째 몸 형태가 두 번째 몸 형태의 일부가 된다"는 "부가에 의한 변태" 가설보다도, "한 몸 형태가 그와는 다른 형태로 대체된다"는 "대체에 의한 변태" 가설이 훨씬 어려움에 봉착한다고 말했다. 그러므로 "동물의 생물학적 주기의 모든 단계가 항상 함께 진화했어야 한다"는 생각 대신, 종종 한 생명 주기에 서로 다른 진화의 역사가 결합되며, 반대로 개별 진화 과정을 차례로 표현한다고 생각할 필요가 있다.

유전적·형태적 공유의 정도를 떠나, 분류학적 동질성의 정도를 넘어, 새끼와 성체가 같은 생물학적 계보를 공유하지 않는다는 생각은 엄밀히 생물학적 고찰이 아닌 부분에서도 매우 풍부한 생각을 불러일으킨다. 어린 시절은 말하자면 어떤 종의 기억이, 다른 생명의 기억이 되살아난 것이다. 성인 시절도 물론 그렇다. 우리의 삶, 형태적으로나 해부학적으로 곤충보다도 덜 모험적인 노선에서 펼쳐지는 인간의 삶조차도 너무나 동떨어진 형태들의 결합으로 이루어진다. 우리는 이러한 형태 간 전환을 가능케 하려면 우리 자신을 위한 고치를 만들어야 할지도 모른다. 변태는 모든 생명체가 하나의 동일한 생명의 흐름 안에서 다양한 경험과 세계를 거쳐 가는 이유다. 변태는 생명체가 동시에 여러 삶을 살아야 할 필요를 없애주며, 서로 다른 두 삶이 완전히 융합되지 않고 공존할 수 있게 해주는 통로다.

탄생 이후에도 존재하는 알

성장은 항상 탄생의 신비를 반복한다. 개체 발달을 결정하는 원인은 개체의 탄생을 결정하는 원인과 동일하다. 수 세기 동안 곤충의 변태는 이 분명한 사실을 사고하기 어렵게 만들었으며, 동시에 경이로움을 불러일으켰다. 생명은 결코 배아 상태를 완전히 벗어나지 않는다. 혹은 그 반대로, 우리가 배아 상태라고 부르는 것은 사실 영구적인 조건이다. 곤충의 삶은 단순히 알에서 시작되는 것이 아니라, 알이라는 존재의 연장이며 여러 다른 형태로 거듭하는 생명의 형태다. 여기서 알은 탄생 이전에만 존재하는 것이 아니라 탄생 이후에도 계속해서 존재한다. 캐럴 윌리엄스가 말한 것처럼, "변태하는 곤충에서 배아가 발달하는 메커니즘은 적절한 환경이 주어지면 배아 이후의 단계에서도 다시 작동할 수 있다". 변태는 "곤충의 배아 이후의 삶에서 펼쳐지는 배아의 형태발생 메커니즘"의 변형일 뿐이다.

현대 곤충학이 오랫동안 탐구해온 이러한 사상을 최초로 정식화한 사람은 윌리엄 하비(William Harvey)다. 그는 이 특정한 몸을 구성하는 실체를 "식물적 시원체(primordium vegetale)"라고 불렀다. 이 실체 속에서 "생명은 잠재적으로는 그 자체로 존재하지만, 내재적으로는 원리의 작용을 통해 식물적 생명의 형태로 변형될 수 있다". 알과 식물의 씨앗은 이러한 원형적 시원체의 가장 보편적인 형태다. 하비는 애벌레를 이러한 식물적 시원체의 한 형태로 간주했으며, 이는 애벌레를 '아직 성장 중인 부드러운 알'로 보았던 아리스토텔레스 전통을 따른 것이다. 따라서 애벌레는 아직 불완전한 존재로 간주되었다(《동물 발생론》, 758b). 즉, 애벌레는 아직 때가 되지 않은 상태의 알이며, 어미의 몸 밖에서 진행되는 배아 발생 과정이다. 현대의 저명한 곤충학자 안토니오 베를레세(Antonio Berlese)의 말을 빌리자면, 애벌레는 "자유로운 배아"인 것이다. 하비에 따르면, "유충 또는 애벌레는 완전한 알과 불완전한 알 사이의 중간 단계에 해당한다. 알 자체, 즉 그 기원과 비교하면 애벌레는 움직이고, 감각을 지니며, 스스로 영양을 섭취할 수 있는 동물이다. 반면, 애벌레가 그 잠재적 시원체인 파리나 나비와 비교하면, 애벌레는 스스로 성장할 수 있고 기어다니는 알이다". 곤충의 삶이 가진 역설은, 이 움직이는 알인 애벌레가 "일정한 크기에 도달하면 완전한 알로 변형해, 움직임을 멈추고 하나의 잠재적 존재가 된다"는 점에 있다. 번데기, 즉 애벌레가 만든 고치(다른 용어로는 번데기화 단계)는 **탄생 후에 존재하는 알**이다. 곤충의 삶은 **또 다른 알들을 만들어내는 하나의 알**과 같다. 1946년 헨슨(H. Henson)이 말했듯이, 변태는 "배아 발생 동안 일어나는 발달 과정을 반복하는 것"이다. 다시 말해, 곤충의 삶은 "배아 발생과 본질적으로 유사한 일련의 발달 반복 주기"다. 물론 오늘날 일부 과학자만 이 가설을 받아들이지만, 이 가설에 따르면 변태는 모든 생명체가 태내(胎內) 상태에서 완전히 벗어날 수 없다는 사실을 보여주는 명백한 증거일지도 모른다. 우리가 출생을 통해 변태할 운명이라면, 변태를 통해 모든 생명체는 부분적으로 어린아이로 남을 수밖에 없다. 어린 시절은 결코 우리를 떠나지 않을 것이며, 우리는 결코 어린 시절과 완전히 분리될 수 없다. 형태를 바꾼다는 것, 즉 변태한다는 것은 언제나 자신의 몸을 새로운 정체성을 창조하고 전달할 수 있는 하나의 알로 삼는 힘을 의미한다. 자기 자신은 모두 하나의 알이다. 그리고 우리는 이 변태의 힘을 우리 안에 간직하고 있기 때문에 자기 자신이 될 수 있는 것이다.

이는 마치 변태가 잉태 능력을 내면화해, 단순히 다른 존재에게만 전달하는 것이 아니라 바로 자기 자신에게도 적용할 수 있도록 하는 것과 같다. 우리는 죽음·쇠퇴·소멸에 너무 집착한 나머지, 모든 생명체가 잉태하는 힘이라는 사실을 더 이상 깨닫지 못한다. 생명체는 자신의 형태뿐만 아니라 무한한 다른 형태들에도 생명을 불어넣는다. 변태란 무엇보다도 모든 생명체가 자기 내부에 간직한, 자신을 살아있게 하는 생명을 변화시키는 능력이다. 곤충은 탄생 이전의 분리 상태에서 알을 해방시키고, 삶의 과정에서 알이 다시 출현하게 만든다. 즉, 알은 생명이 거쳐 가고 생성하는 모든 형태 사이를 잇는 절대적 매개체가 된다. 알은 변태 상태의 상징이다. 하비가 말했듯이, "알은 생명체와 무생물의 중간 상태에 있다. 그것은 온전히 독자적인 생명을 부여받지 않았지만, 그렇다고 생명을 완전히 결여한 것도 아니다".

임신과 마찬가지로, 알은 과거와 미래의 관계를 다시 쓰는 하나의 상형문자다. 하비는 "알은 시작이자 끝이며, 부모와 자녀를 잇는 다리이자, 존재했던 것들과 도래할 것들을 연결하는 것"이라고 말했다. 모든 변태는 알로서의 경험을 지속하는 것이며, 이는 시간의 수축 운동에 해당한다. 어린 시절(우리 자신의 어린 시절이든, 종의 어린 시절이든, 생명의 어린 시절이든, 지구의 어린 시절이든)은 더 이상 선사시대의 사건이 아니다. 그것은 끊임없이 되돌아오고 현재를 뒤흔들며, 현재가 스스로를 다시 그려내도록 강제한다. 한편, 출생 이후에도 여전히 알인 존재 덕분에, 미래는 현재에 도달하고, 지나간 것이 되기를 거부하는 어린 시절 덕분에 현재는 변형된다. 이처럼 어린 시절과 젊음의 의미는 변화한다. 어린 시절은 더 이상 연령이나 경험 부족의 문제가 아니라, 행동과 형태 간 관계의 문제다. 생명의 형태가 하나의 시적 작업의 대상이 되는 한, 모든 생명은 젊다. 자신을 감싸고 있는 형태를 결코 완전히 자기 자신으로 받아들일 수 없는 한, 모든 생명체는 젊다.

변태의 작품이자 매개체인 알은, 무엇보다도 개체를 환경과 불가분하게 연결하는 것을 본래적 목적으로 삼는 몸의 역설이기도 하다. 실제로, 모든 알 속의 생명체는 일정 부분 비(非)자기 (non-soi), 즉 자신이 영양분으로 삼을 수 있는 세계의 일부를 품고 있다. 어떤 면에서, 이 불가분성은 개체의 탄생으로 끝나지 않는다. 껍질이 깨지는 단일한 사건 이후에도 그 근본적 불가분성은 지속되며, 환경과 연결된 개체는 알의 구조를 다시 재현한다. 세계 자체가 하나의 알이다. 알은 생명체와 환경 사이의 물질적·구조적·공간적 일치를 확증하는 매개체다. 생태학이란 결국 알에 대한 이론이어야 할 것이다. 모든 생명체가 자신을 둘러싼 공간과 생명과 연결될 때마다, 그것은 자신의 형태를 몸 밖으로 내보내거나, 반대로 자신 앞에 있는 형태를 몸 안에 받아들이기 위한 과정이 된다. 따라서 모든 생태학적 관계는 변태의 관계이며, 그것은 곧 자신의 환경으로부터 알을 다시 만들어내려는 시도다.

반대로, 모든 변태는 탄생 이후에도 알의 구조가 주기적으로 다시 나타나는 과정이며, 이는 모든 생명체의 형태가 **세계 전체의 형태**이고, 모든 생명체가 세계의 변태임을 보여주는 명백한 증거다. 내부는 절대적 외부로 전환된다. 곤충에게 고치는 단순히 개체와 외부(세계·부모·자식·종) 사이의 경계가 아니다. 그것은 개체와 자기 자신 사이의 경계이자 매개 공간, 즉 개체를 구성하는 형태들의 내적 경계다. 고치는 탄생 이후에도 여전히 알로서 존

재하며, 모든 생명이 자기 자신을 하나의 세계이자 환경으로 형
성하는 지점을 나타낸다. 변태를 통해 몸은 끊임없이 낯선 형태
들이 거주하는 공간이 된다. 내부는 절대적 외부로 전환된다. 자
신과의 관계는 한 종 내에서 개체들 간의 관계와 같으며, 나아가
지구 생명체의 역사 속에서 종들 간의 관계와도 완전히 동등해
진다. 생명 자체는 끊임없이 지구의 모습을 다양하게 만드는 하
나의 알이다.

회춘, 다시 젊어지는 힘

변태란 어린 시절과 결코 분리되지 않는 몸의 특성이다. 반대로
생각하면, 자신의 어린 시절을 더 이상 살아낼 수 없는 몸, 혹은
이를 예견해 번식으로 이 경험을 다른 몸으로 이전한 몸만이 변
태를 멈출 것이다. 젊음이 단순히 생명체의 일시적인 단계가 아
니라, 모든 살아있는 몸의 안정적이고 지속적인 구조라는 견해
는 생물학에서 종종 받아들여졌다. 에른스트 헤켈(Ernst Haeckel)
의 스승 중 한 명인 알렉산더 브라운(Alexander Braun)은 다음과
같은 생각을 처음 제안했다. "젊음과 노화는 단순히 시간을 기준
으로 생명을 구분하는 시기가 아니다. 따라서 여기서 젊음이 끝

나고 노화가 시작된다고 말할 수 없다." 젊음과 노화는 모든 개체의 삶 속에서 매 순간 공존하는 몸과 정신의 힘인 것이다. 브라운은 이렇게 썼다. "젊음이란 노화와 병행해 삶의 다양한 영역에서 동시에 나타날 뿐만 아니라, 같은 영역 내에서도 서로 밀고 당기고 충돌하며 나타난다. 어린아이는 유치(乳齒)가 일찌감치 빠지지만, 나이가 더 들면 사랑니같이 새로운 이가 자라난다. 일부 기관은 태어나기도 전에 이미 노화해 소멸한다. 예를 들면, 포유류의 아가미나 고래의 이빨이 그렇다." 따라서 젊음은 단순한 연령대가 아니라, 노화의 힘과 동일한 강도로 작용하는 회춘(Verjüngung)의 힘이다. 비록 이 두 힘은 서로 반대되지만, 개체의 삶 전체에 걸쳐 끊임없이 드러난다.

이러한 매우 독창적인 생명관은 다음과 같은 주장에서 절정에 이른다. "젊음과 노화는 하나의 동일한 발달 역사 속에서 상호 교대가 이루어져야 한다. 우리는 젊음이 노화를 가로지르거나, 노화를 진전시키고 변형하거나, 혹은 발달 과정 한가운데로 되돌아오는 것을 본다." 따라서 변태란 단지 생명체가 주기적으로 경험하는 회춘의 순환일 뿐이다. 우리는 변태할 수밖에 없다. 왜냐하면 우리는 우리의 젊음, 우리 몸을 끊임없이 조형하는 이 회춘의 힘과 결코 분리될 수 없기 때문이다.

브라운은 이 회춘 현상이 식물계와 곤충계에서 지속적으로 나타난다고 보았다. 그런데 이는 보편적 현상이다. 그는 다음과 같이 말한다. "회춘이 없다면, 발달의 역사는 존재하지 않고, 단지 무생물만 있을 뿐이다. 보다 정확히 말하면, 형성되는 순간부터 이미 죽어가는 광물은 스스로를 젊어지게 할 힘이 결여돼있다. 바로 그 때문에 광물은 발달도 번식도 하지 않는 것이다." 브라운에 따르면, 회춘에는 두 가지 형태가 있다. 첫 번째는 개체가 이전 생명 상태로 되돌아가는 것이고, 두 번째는 전체 진화역사의 초기로 되돌아가는 것이다. 첫 번째 형태는 "개체가 자신의 발달 과정에서 젊어지는 것"으로 나타나며, 두 번째 형태는 "개체들의 생명이 이어지면서 종 자체가 젊어지는 것"으로 실현된다.

이 가설들은 오랫동안 19세기 과학의 환상으로 간주되었지만, 약 20년 전에 성적 번식 이후에도 발달 주기를 역전할 수 있는 동물이 발견되면서 다시 주목받았다. 이 동물은 홍해파리(*Turritopsis dohrnii*) 또는 작은보호탑해파리(*Turritopsis nutricula*)로 알려진 해파리로, "자포동물의 다양한 생명 주기 모델 중에서도 그 변형 잠재력은 타의 추종을 불허한다". 스테파노 피라이노(Stefano Piraino), 페르디난도 보에로(Ferdinando Boero), 브리기테 에슈바흐(Brigitte Aeschbach), 폴커 슈미트(Volker Schmid)로 구성된 연구팀은 "성적 성숙에 도달한 후 완전히 클론기(stade clonal)

로 되돌아갈 수 있는 후생동물로 확인된 최초 사례"를 발견했다. 대부분의 히드로충류처럼 이 작은보호탑해파리는 해양에서 떠다니는 유성생식 단계, 즉 일반적으로 '해파리'라고 불리는 단계, 해저에 고착된 무성생식 단계, 즉 바다 바닥에서 폴립 군집을 이루는 단계를 번갈아가며 살아가는 생애 주기를 가진다. 후자인 폴립 단계에서, 이 동물은 모듈식 구조를 이루며 성적 번식 이후 죽음을 피할 수 없는 비모듈식(non-modulaire) 유기체와 달리, 잠재적으로 무한한 수명을 가질 수 있다. 그런데 환경적 스트레스나 역경에 직면했을 때, 이 해파리는 폴립 상태로 퇴행할 수 있다. 이는 마치 고치 속 애벌레처럼, 자신의 몸 일부를 파괴해 또다른 형태로 전환하는 과정이다. 이렇게 볼 때, 한편으로는 "해파리의 모든 분화된 체세포가 퇴화하고, 비가역적으로 분화되지 않은 미분화 예비 세포 집합이 폴립 세포를 생성하기 시작한다". 다른 한편으로는 "해파리의 분화된 세포들이 새로운 필수 세포 유형을 생성하기 위해 전환될 가능성도 있다". 즉, 이미 분화된 체세포가 자신의 유전적 특성과 발현을 변화시키거나, 다시 미분화 세포 상태로 되돌아갈 수도 있다는 것이다. 연구진은 이러한 변형이 "변태로 간주될 수 있지만, 이는 일반적인 발생 경로와 반대 방향으로 이루어지는 변태"라고 설명한다. 보통 이러한 변태 가능한 잠재력은 해파리의 생애 초기 단계에서만 나타나며,

발달과 함께 소멸한다. 그러나 이 종에서는 스트레스나 노화 조건에 반응해 진정한 "발생 역전(inversion de l'ontogenèse)"이 촉발될 수 있다. 과학자들은 이를 "성적 번식 이후 다시 유충 단계로 되돌아갈 수 있는 가상의 곤충"에 비유했다.

이 해파리는 곤충들이 별다른 어려움 없이 형태를 전환하는 능력을 더욱 극단적으로 밀어붙이며, 브라운의 가설을 구현하는 듯하다. 즉, 회춘은 생명체의 역사나 개별 생애와 무관하게 존재하며, 이는 모든 순간 몸을 활성화하는 구조적 힘이라는 것이다. 모든 생명체는 자신의 피부를 단단하게 만들어 어린 시절을 되살릴 수 있다. 즉, 스스로의 몸을 조작해 너무 단단하거나 너무 오래 사용된 뼈와 살을 파괴하고, 그로부터 미래의 젊음을 정제해낼 수 있다. 변태의 기적은 바로 여기에 있다.

근본적으로, 번식 자체는 단순한 증식 과정이 아니라, 다양하면서도 자립적인 몸의 형성을 통해 이루어지는 회춘의 한 방식으로 이해되어야 한다. 실제로 젊어지는 것은 언제나 생명 그 자체이지, 생명이 일시적으로 취하는 특정한 형태가 아니다.

많은 경우 변태가 극심한 고통을 수반하는 이유가 바로 여기에 있다. 변태란 모든 것이 폭력처럼 느껴지는 날들이다. 세상이 우리에게 가하는 상처보다, 우리가 스스로에게 가하는 상처가 더욱 고통스러운 그런 날들. 우리는 닫혀 있지만, 그럼에도 모든 것이 우리를 아프게 한다. 우리는 젊음을 만들어내기 위해 고치 속에 갇힌다. 세상을 잊고, 무구함 속에서 과거를 다시 구성하는 데 긴 시간을 보낸다. 외부에서 보면 거부와 폭력처럼 보이는 것이 내부에서는 상상할 수도 없고, 미처 생각해본 적 없는 미래를 향한 창조적 상상이 된다. 모든 생명체는 부화하며, 미래의 젊음을 만들어낸다. 그 젊음은 개별 존재만의 것이 아니라, 지구 전체의 것이다.

게다가 생명체 자체가 곧 지구의 회춘 과정이라고 생각해볼 수 있을 것이다. 브라운이 말했듯이, "지구 생명체의 모습에서 일어나는 선사시대 같은 변화는 대규모로 일어난 유기체 자연의 회춘으로 나타나며, 유기체 왕국의 각 종(種)과 속(屬)은 그 거대한 발달 과정의 하위 구성원들이다". 생명이란 지구가 자기의 본성과 역사를 잊고, 과거의 몸과 기억을 지우며, 단순한 논리적·역사적 귀결이 아닌 새로운 미래로 나아가려는 시도다. 지구상 생명의 역사는 지구를 젊어지게 하려는 시도이며, 이는 곧 지구의 지질학적 동일성을 해체하는 것이다.

기술에 대한 새로운 생각

고치는 개체가 **제작**하는, 탄생 이후에도 존재하는 하나의 알이다. 고치는 존재(être)와 행위(faire)가 제3의 차원에서 융합되는 하나의 영역을 정의한다. 이 명백한 사실은 우리가 지금까지 간과해온 변태 현상의 한 가지 특성을 규명해준다. 변태의 순수하게 기술적인(technique) 본성이다. 모든 변태 과정에서 생명체는 자신의 형태를 스스로 만들어야 하며, 이는 결코 자연적으로 또는 자발적으로 이루어지는 것이 아니다. 따라서 변태라는 과정 속에서 기술의 본성 자체가 근본적으로 변형된다.

우리는 기술을 생물학적 결핍의 결과로 이해하곤 한다. 플라톤 이래, 그리고 프로메테우스와 에피메테우스 신화 이후, 우리는 기술을 단순히 인간만이 가진 특성으로 여겨왔을 뿐만 아니라, 생물학적 발달의 결핍을 보완하는 것으로 생각해왔다. 즉, 인간이 기술을 필요로 하는 것은 다른 생명체들과 비교했을 때 인간의 몸에는 생물학적·자연적 힘과 형태가 부족하기 때문이라는 것이다. 신화에 따르면, 모든 생명체에게 적절한 능력을 부여하는 임무를 맡았던 에피메테우스는, 다른 모든 동물에게 나눠 주느라 모든 능력을 소모해버렸고, 결국 인간을 "아무것도 갖지 못한 상태로", 즉 "벌거벗고, 신발도 없으며, 옷도 없고, 방어

088

수단조차 없는 상태"로 남겨두었다. 이에 프로메테우스는 불카누스와 미네르바에게서 불과 기예를 훔쳐 인간에게 기술을 주었다. 생명체 중에서 오직 인간만이 "소리를 분절해 말을 형성하는 기술을 지녔으며, 이를 통해 거처를 마련하고, 옷과 신발을 갖추었으며, 밤에는 몸을 덮고, 땅에서 음식을 얻을 수 있게 되었다".

이 신화가 묘사하는 것과 달리, 변태 과정에서 기술은 생명체가 자신의 발달 과정에서 벗어날 수 있도록 하는 역할을 한다. 즉, 기술은 본래 어떤 형태로 규정되지 않은 부분을 해결해야 할 문제가 아니라, 모든 생명체가 자기 자신과 맺는 근본적인 관계의 형태로 만든다. 기술은 우리가 각자 지닌 특수성을 해체해 이전 발달 상태로 되돌아가게 하며, 개인의 역사뿐만 아니라 진화의 역사까지도 다시 풀어헤치는 역할을 한다. 기술은 어린 시절의 회복, 회춘의 절차다. 모든 기술의 산물은 세상의 젊음을 훔쳐 우리 삶에 젊음을 심어주는 하나의 알이다. 우리는 젊음을 창조하기 위해 기술의 산물을 만든다. 그리고 그 안에서 회춘하는 것은 언제나 생명 그 자체이지, 우리 몸에서 생명을 실어 나르는 특정한 형태가 아니다. 회춘은 언제나 비개인적(impersonnel)이다.

탄생 이후에도 기술적으로 존재하는 알인 고치는 '기관 투사(Organsprojektion)' 개념으로 알려진 현대 기술에 대한 통념을 뒤집을 수도 있다. 이 개념은 에른스트 카프(Ernst Kapp)가 1877년 독일에서 출간한 현대 기술의 본질에 관한 최초의 저서에서 발전시킨 이론이다. 카프에 따르면, 모든 기술의 산물, 모든 도구는 몸의 유기적 구조를 완벽한 동형 관계 속에서 외부로 투사한 것에 불과하다. 예를 들어, 망치는 팔뚝과 주먹의 형태를 투사한 것이고, 안경은 눈의 렌즈(각막이나 수정체)를 투사한 것이며, 컴퓨터는 뇌를 투사한 것이다. 기관의 확장, 즉 해부학적 신체 밖으로 기관을 투사하는 행위는 신체가 결여한 기능을 보완(다른 동물에 비해 제대로 갖춰지지 않은 인간의 몸을 근본적으로 강화)해줄 뿐 아니라, 카프가 강조하듯 이 투사는 단순한 보완을 넘어 무엇보다도 세계를 인간화하는 과정이기도 하다. 즉, 기관 투사 덕분에, 다시 말해 기술 덕분에 세계는 인체의 확장이 된다. 마셜 매클루언(Marshall Mcluhan)이 제시한 "미디어는 인간의 확장"이라는 주장은 결국 카프의 이론에 대한 하나의 주석에 불과하다. 이러한 관점에서 기술은 철저히 인간의 것이다(다른 동물이나 생명체는 가질 수 없다). 또한 기술은 그 기술이 미치는 대상을 인간적인 것으로 변형한다. 기술의 세계는 손에 닿는 모든 것을 인간화한다. 해부학적 형태의 이러한 '외부 굴절'을 통해 인간은 세상을 자신의 모습이나 자신의 닮은꼴로 여겼는지 모른다. 어떤 면에서, 이는 인류세(Anthropocène) 개념에 함축된 생각과도 맥을 같이한다. 여기서도 인류의 기술 발전은 우주를 '인간화'한다고 보기 때문이다.

고치가 구현하는 기술에 비추어 보면, 세계를 조작하는 일은 오히려 자기 자신의 본성을 벗어나게 하는 과정으로 자신의 내부를 변화시키는 것이지, 단순히 외부로 투사하는 것이 아니다. 기술—고치—은 모든 생명체가 자기 자신과 맺는 관계의 형식이며, 이를 통해 존재는 자신의 몸과 정체성을 근본적으로 변화시킨다. 따라서 자기와의 모든 관계는 본질적으로 기술적이며, 그것은 자신의 형태를 변형하는 데 목적을 둔다. 자기와의 모든 관계는 하나의 알, 탄생 이후의 고치를 만들어내며, 이를 통해 세계는 재탄생의 공간, 자기를 재형성하는 공간이 된다. 우리는 모든 기술의 산물 속에서 이러한 변형 가능성을 담은 고치를 볼 수 있어야 한다. 컴퓨터·전화기·망치·병은 단순히 인체의 확장이 아니라, 개인 정체성을 변화시킬 만큼 세계를 조작하는 것이다. 해부학적 차원은 아닐지언정 적어도 동물행동학 차원에서는 그렇다. 심지어 책도 자신의 정신을 다시 조형할 수 있게 해주는 고치다.

기술—고치를 만드는 기예—은 자기 자신을 변형의 주체이자 객체이며 수단으로 만든다. 기술은 생명에 대립하는 힘도 아니고 외부로 생명을 연장하는 힘도 아니다. 기술은 생명의 가장 내밀한 표현이자 생명의 본래적 역동성에 다름 아니다.

식물의 변태

변태는 단순히 몸의 전체 형태에만 영향을 미치는 과정이 아니다. 그것은 또한 몸의 다양한 부분이 서로 관계를 맺는 방식이며, 각 부분이 생의 흐름을 따라 발달 과정에서 펼쳐질 수 있도록 하는 과정이다. 더 나아가 변태는 동일한 몸 내부에서 각 부분들이 서로 등가성을 지닐 수 있도록 하는 원리이기도 하다. 사실 우리 몸 전체는 극도로 작은 물질의 일부에서 출발해, 단계적으로 다양한 형태를 생산하고 전개하는 변태의 결과물이다. 따라서 변태란 단순히 생명체가 여러 구분 단계를 거치며 형성되는 역사적 과정이 아니다. 무엇보다도 변태는 동시적(synchronique) 관계이며, 다양한 형태와 기능으로 이루어진 몸을 하나의 통일된 존재로 엮어주는 힘이다. 생물학이 이러한 측면을 인식한 것은 곤충이 아니라 식물의 삶을 연구하면서다. 그리고 변태를 모든 식물체가 지닌 조형적인 힘으로 바라보는 관점에서, 오늘날 '발생생물학'이라는 학문이 상당 부분 형성될 수 있었다.

식물의 깊은 곳에는 결코 소진되지 않는 변태의 핵이 있으리라는 생각을 처음 들게 한 것은 꽃이다. 이 논의는 우선 해부학적 차원에서 시작되었다. 꽃은 단 한 가지 형태로 고정되지 않고, 끊임없이 한 형태에서 다른 형태로 변화할 수 있는 몸처럼 보였다. 마치 생명체가 지닌 변태 능력의 가장 강력하고 완벽한 표현처럼 말이다. 괴테는 이렇게 말했다. "자연은 단 하나의 동일한 기관을 단순히 변형하는 방식만으로, 겉으로는 매우 다른 형태들을 창조해낸다. 여러 외부 기관, 예를 들면 잎과 꽃받침, 꽃잎과 수술 사이에 숨겨진 연결성, 그리고 이 기관들이 서로를 따라 순차적으로 생성되거나, 마치 서로로부터 생성되는 것처럼 보이는 모습은 오랫동안 자연학자들에게 알려져 있었다. 그리고 우리는 이러한 현상을 식물의 변태라고 부른다. 즉, 단 하나의 동일한 기관이 무수히 다양한 형태로 우리 앞에 나타나는 과정이다."

식물의 변태에 처음 주목한 사람은 칼 폰 린네다. 그는 이렇게 말했다. "꽃과 잎의 원리는 동일하다." 바로 이 꽃과 잎 사이의 근본적인 동일성에서 출발해, 식물에서는 모든 기관이 다른 기관과 교환 가능하다. 사실 "싹과 꽃의 원리도 동일하다. 싹은 잎의 기본 구조로 이루어진 것이며, 턱잎은 잎의 부속기관이다. 꽃받침은 잎과 연결돼 있으며 잎의 기본 구조로 이루어진다. 꽃차례를 이루는 작은 꽃들에 공급해야 할 영양분이 다른 곳으로 **새면**, 잎이 꽃받침으로 변한다. 너무 많은 영양분이 공급되면 꽃 대신 잎이 생기고, 반대로 영양분이 부족하면 잎 대신 꽃이 생긴다". 결국 꽃은 식물 내에서 각 기관들이 서로 등가적이라는 사실을 보여주는 명백한 증거다. 이러한 관점에서 보면, 식물체는 동물의 몸에 견줄 수가 없다. 식물의 경우 모든 부분이 모든 곳에서 유래할 수 있지만, 동물의 경우에는 "부분들이 너무 다르기 때문에 한 부분에서 다른 부분이 연장된다거나, 한 부분이 변형된 다른 부분이라고 말할 수 없다". 자연학자이자 현대 발생학의 창시자 중 한 명인 카스파르 프리드리히 볼프(Caspar Friedrich Wolff)는 다음과 같이 말했다. "간을 식도의 변형이라고 생각할 수도 없고 상상할 수도 없다. ……동물에서는 우리가 식물에서 보는 것, 즉 단일 생성 원리를 통해 몸의 모든 부분이 다른 방식으로 변형되어 생성되는 것을 볼 수 없다." 동물의 몸은 "각 부분이 서로 필연적으로 연결되거나 의존하지 않기 때문에 다양한 원인이 결합해 형성된 결과물이다". 반면, 식물의 몸은 단일 생성 원리에 따라 한 부분이 다른 부분으로 유동적으로 변형한 것이다. 꽃은 해부학적·신체적 조형성 원리를 증명하고 드러내는 존재다. 즉, 몸을 가진다는 것은 더 이상 단 하나의 형태로 존재하는 것이 아니라, 모든 형태를 다른 형태로 변환할 수 있는 힘을 가진다는 의미다.

식물의 구조가 지닌 이 근본적인 통일성 때문에 생식과 성장을 분리하기는 불가능해진다. 몸의 모든 해부학적 부분이 서로 등가적이며 상호 변환될 수 있다는 원리를 상징하는 꽃은 생장과 증식이 본질적으로 동일한 과정이라는 점을 보여준다. 괴테는 볼프에게서 영감을 받아 이렇게 썼다. "식물이 자신의 생명력을 드러내는 방식을 관찰하면, 이 생명력에는 두 종류가 있다는 것을 알 수 있다. 하나는 잎을 생산하고 줄기를 길게 뻗어나가게 하는 식물적인 힘이고, 다른 하나는 수정 기관과 씨앗을 형성해 완성하는 생식적인 힘이다." 즉, 잎과 꽃이 동일하다는 주장은 성장과 생식이 동일하다는 주장과 서로 맞물려 있다. 괴테는 계속해서 이렇게 설명한다. "식물의 생장을 좀더 면밀히 살펴보면, 우리는 식물이 마디에서 마디로 뻗어나가며, 하나의 잎이 생기고 그 뒤를 따라 또 하나의 잎이 생겨나는 과정, 즉 식물적 생장 자체가 일종의 생식이라는 것을 발견하게 된다. 이 과정은 단지 꽃과 씨앗을 통한 생식과 구별될 뿐인데, 그 차이는 단 하나, 전자는 순차적으로 이루어지는 반면, 후자는 동시에 이루어진다는 점이다. 따라서 식물적 생장은 고립된 개별 발달 과정들이 연속적으로 나타나는 것이고, 생식 과정은 다수의 개체가 동시에 생성되는 것이다. 이렇게 순차적인 생산으로 드러나는 식물적인 힘은 다량의 동시적 생식으로 드러나는 생식적인 힘과 내적으로 가장 유사하다." 즉, 열매를 만들어내는 것이 '동시적 생식'이듯, 식물의 생장은 그저 '연속적 생식'일 뿐이다. 따라서 꽃이란 "사방으로 수축된 하나의 식물일 뿐이다. 즉, 길이와 너비라는 차원이 사라지고, 그 모든 기관이 하나로 응축되고 밀집된 상태다". 꽃은 단순히 식물과 변태의 동일성을 나타내는 알레고리가 아니다. 꽃은 무엇보다 식물과 생장하는 존재의 절대적인 응축이다.

괴테 이전에도 이미 이 같은 생각을 제시한 인물이 있었다. 린네의 가장 뛰어난 제자 중 한 명이자, 린네를 장자크 루소와 연결해준 인물인 닐스 에릭손 달베리(Nils Ericsson Dahlberg)다. 달베리에 따르면, 식물은 곤충과 동일한 유형의 변태를 겪는다. "곤충의 변태란 곤충이 자신을 둘러싸던 외골격을 벗어던지고, 마침내 완전히 벌거벗은 상태로 나타나는 과정이다." 식물에서도 이와 똑같은 현상이 일어난다. "실제로 식물의 껍질은 곤충의 외골격과 같은 기능을 한다. 곤충이 외골격을 벗고 나면 벌거벗은 형태로 드러나듯, 식물도 꽃을 피우면서 자신의 껍질을 벗어던진다. 그리고 그 껍질에서 꽃받침이 형성된다. 이 순간 식물 내부가 폭발적으로 드러나면서 꽃이 피어나고, 꽃부리가 빛을 발하며, 암술머리가 꽃가루를 머금은 수술과 함께 나타난다." 달베리는 얀 스바메르담의 연구를 바탕으로 다음과 같이 주장한다. "곤충의 변태란 오비디우스가 상상했던 것처럼 진정한 실체변화(transubstantiation)가 아니라, 단순한 탈각(décortication, 껍질

벗기기)일 뿐이다." 실제로, 스바메르담은 이미 앞서 "배추흰나비의 애벌레는 땅속에 있을 때부터 이미 날개와 나비의 모든 구조가 외골격 아래 숨겨진 상태로 존재한다"고 주장한 바 있다. 이러한 연구를 바탕으로, 달베리는 식물의 변태 또한 단순한 "기관의 탈피"에 불과하다고 결론짓는다. "꽃을 보면, 꽃이 결국 벌거벗은 식물일 뿐이라는 사실을 알 수 있다. 그리고 줄기에서 꽃에 이르는 그 실체를 관찰해보면, 우리는 꽃이 줄기와 동일하며, 단지 일부가 벗겨진 상태일 뿐임을 깨닫게 된다." 꽃은 벌거벗은 식물, 식물의 가장 순수한 발현이다.

괴테는 "곤충의 변태를 식물의 변태에 견주는 아주 흥미로운 평행선"을 세우고 달베리의 이론을 수정했다. 꽃을 단순히 식물체의 일부가 제거되어 간소화된 형태로 이해해서는 안 된다. 오히려 꽃은 식물 생애의 모든 형태가 한데 응축해 동시에 공존하는 하나의 복합적 형태다. 실제로 꽃의 변태와 곤충의 변태를 비교하면 다음과 같은 사실을 지적하지 않을 수 없다. "식물에서는 순차적으로 나타나는 여러 상태가 동일한 존재 안에서 공존한다. 꽃이 발달하는 동안 줄기와 뿌리는 여전히 존재한다. 수정이 이루어지는 순간에 기존 기관들과 수정을 준비하는 기관들도 여전히 생명력과 활력이 충만하다. ……곤충의 경우는 전혀 다르다. 곤충은 각 단계를 지나면서 이전의 껍질을 하나씩 벗어버린다. 그리고 마지막 껍질을 벗는 순간, 완전히 새로운 존재가 빠져나온다. 순차적으로 나타나는 각 상태는 서로 분리돼 있으며, 이전 단계로 되돌아가기는 불가능하다."

모든 꽃은 한 식물 개체의 역사를 단번에 보여주는 축약판이다. 즉, 꽃은 과거 전체의 표현이면서 무엇보다도 그 미래의 예견이다. 꽃의 변태는 곤충의 변태에서 보이지 않는 확장성과 강력함을 드러낸다. 여기서 생명체 그 자체가 하나의 절대적인 고치로 보인다.

세상, 곧 고치

고치는 단순히 기술의 패러다임이 아니라, 세계-내-존재의 패러다임이기도 하다. 고치 만들기의 대가이자 변형의 위대한 데미우르고스*인 곤충은 우리를 속여왔다. 곤충 때문에 우리는 고치가 특정한 개체들의 삶에서만 나타나는 현상이라고, 고치는 개체의 삶에서 일시적이고 부분적인 도구에 불과하다고 믿었다.

---

* 고대 그리스 철학에서 주어진 이데아와 질료를 바탕으로 세계를 만드는 존재의 이름.

그러나 고치는 모든 생명체의 선험적 형식으로 이해해야 한다. 생명체가 자기 자신과 다른 생명체들, 그리고 세계와 관계를 맺는 곳, 그 어디에서든 고치가 존재한다. 모든 '나'는 하나의 고치다.

고치는 무엇보다도 우리 삶이 난 하나의 해부학적 정체성에 고정될 수 없다는 증거다. 고치 안에서 생명은 두 개의 몸, 두 개의 얼굴, 그리고 겉으로는 양립할 수 없어 보이는 두 개의 정체성 사이에 위치한다. 고치란 이 정체성들이 공존할 수 있도록 하는 과정이다. 이는 개체가 단일한 모습이 아니라 얼굴과 몸의 증식을 통해 살아간다는 증거다.

또한 고치는 우리 삶이 단 하나의 환경, 단 하나의 생태적 지위, 단 하나의 세계에 고정될 수 없다는 증거이기도 하다. 이는 생명이 이런저런 환경이나 이런저런 세계에 적응하기 때문이 아니다. 생명은 특정한 세계에 한정될 수 없으며, 이는 생명 자체가 스스로를 위한 하나의 세계이기 때문이다. 고치는 생명이 자신의 세계 전체를 구축한다는 증거다. 이는 집과 세계 사이에 본질적 차이가 없다는 증거이기도 하다. 세계가 우리 집이라는 뜻이 아니다. 생명은 스스로 펼쳐나가는 공간을 끊임없이 변형하며, 바로 그 이유로 인해 생명은 언제나 자기 자신을 살아간다.

하나의 환경, 하나의 세계는 단순히 적응해야 할 고정된 형태의 기하학적 구조가 아니다. 세계는 그 자체로, 처음부터 기하학과 형태가 새롭게 창조되는 실험실이다. 고치가 바로 그 살아 있는 증거다.

고치는 자기의식(conscience de soi)의 형식이자 패러다임이다. 따라서 모든 생명체가 자기 자신과 맺는 관계는 더 이상 인식의 문제가 아니다. 자기의식이란 더 이상 생명체가 자기 자신을 발견하고, 자신의 얼굴을 인식하며, 스스로와 일치하는 공간이 아니다. 그것은 우리를 다시 돌이킬 수 없도록 변형하며, 우리가 지금까지 살아온 세계와는 완전히 다른 세계로 우리를 옮겨놓는 그러한 힘을 겪는 공간이다. 사상·의견·감각은 그것이 외부에서 왔든 우리 자신의 몸에서 비롯되었든 모두 우리를 변화시키는 힘이다. 애벌레의 몸에서 돋아나는 날개, 이제 더는 기어갈 수 없는 세계에서 오직 날아오름을 통해서만 감각할 수 있는 새로운 세계로 우리를 데려가는 매개자다.

고치는 변태가 무엇보다도 우리가 자기 자신과 맺는 관계라는 증거다. 그러나 이는 단순히 개체적 수준에만 국한되지 않는다. 그 어떤 개체적 형태도, 인간이든 나비든 원숭이든 박테리아든 선인장이든 갯가재든 떡갈나무든 모두 하나의 고치다. 이는 다윈의 진화론이 지닌 가장 깊은 의미이기도 하다. 모든 생명 형태는 하나의 고치이며, 생명은 변태 과정에서 지속적으로 새로운 무언가를 낳는다. 그 변태의 최종 결과는 오직 미래에만 드러날 것이다.

그것이 바로 고치다. 생물종은 새로운 형태를 만들기 위해 다른 어떤 종의 도움도 필요로 하지 않기 때문이다. 종은 자신이 가진 것을 재조합하고 고쳐나가면서, 몸과 유전자를 해체하고 재구성하면서, 스스로 막을 내리듯이 자신의 역사를 파괴한다.

그것이 바로 고치다. 이 과정에서 탄생하는 새로운 형태는 결코 단순한 전향도 혁신도 될 수 없기 때문이다. 이전 형태가 소멸한다거나 이전 형태에서 완전히 단절되는 일은 없기 때문이다.

어떤 종도 자신의 형태에 완전히 만족하는 것처럼 보이지 않는다. 모든 종은 자신의 정체성을 벗어나 새로운 형태를 구축해야 한다. 그러나 동시에, 어떤 종도 자신에 앞서 존재했던 형태들로부터 완전히 분리될 수는 없어 보인다.

지구상에 존재하는 생물종들의 삶은 결코 멈추지 않는 변태 과정이다. 변태는 종과 종을 분리하고 구획하는 경계다. 이는 우리가 다양한 생명 형태들과 맺는 관계가 언제나 변태적이라는 의미다. 즉, 우리는 다른 존재가 될 것이다. 그리고 우리는 다른 존재가 될 수도 있었을 것이다. 변태는 모든 생명체를 나누는 동시에 이어주는 연결고리다.

우리는 이러한 종간(種間) 변태를 체험하기 위해 성적 번식이나 유전적 돌연변이가 필요하지 않다. 우리는 매일, 하루에도 몇 번씩 이러한 변태를 경험한다. 음식을 먹을 때마다 우리는 동물이 된다. 이것은 다음과 같은 의미다. 우리에게 산다는 것은 다른 생명체의 몸과 한 몸을 이뤄야 한다는 사실에 다름 아니다. 우리에게 살아간다는 것은 다른 생명체의 삶을, 다른 생명체의 몸을 우리 몸과 삶에 동화시켜야 하는 일과 같다.

식물이든 동물이든 우리가 어떤 생명체를 삼킬 때마다, 우리는 변태의 장소이자 주체이며 객체가 된다. 음식을 먹을 때마다 우리는 생명의 다른 형태(닭·오징어·돼지·사과·아스파라거스·버섯)가 인간이 되는 고치로 변신한다. 먹을 때마다 우리는 한 인간이 소·복숭아·대구·케이퍼·아몬드로 이루어진 살이 되고 삶이 되는 고치로 변하는 것이다. 고치가 되는 경험을 하기 위해 음식이 꼭 필요하지도 않다. 단지 살아가기 시작하면 되는 것이다. 우리는 지구상의 모든 존재가, 눈에 보이는 모든 것이 가이아의 몸의 변형인 것을, 그녀의 살이라는 주제의 변주인 것을, 그녀의 숨결의 연금술적 변형이라는 것을 너무 자주 잊어버린다. 우리는 대지의 돌의 변태이며 그 살아있는 변주다. 모든 것은 지구에서 비롯한다. 가치를 상실한 니힐리즘이나 기독교적 의미에서가 아니다. 모든 형태가 그 안에서 생성되는 거대한 고치가 곧 지구이기 때문에 그렇다. 그리고 역으로, 그 모든 형태 아래 우리가 생명이라 부르는 것은 가이아가 그 안에서 새로운 존재 방식을 창조하는 고치일 뿐이다.

자신이 지닌 재료로 우리 안에 새로운 존재 방식을 창조한 것은 바로 지구다(그리고 우주도 그렇다. 지구도 태양에서 빠져나온 물질일 뿐이기 때문이다).

이러한 관점에서 보면, 우리 각자는 고치로서 모든 것을 거쳐왔다. 앞으로도 모든 것을 지나가게 될 것이다. 우리는 하나의 동일한 세계이자 하나의 동일한 실체다. 우리의 자기인식의 공백, 기억의 공백은 그저 우리 정신 속에서 다른 '나'들의 출현일 뿐이다.

변태는 단 하나의 실체만 존재한다는 증거이자, 우리를 그 실체와 그 모든 부분에 연결하는 상혼이다(출생은 우리를 다른 존재들의 몸, 부모의 몸과 연결한다. 우리는 그런 몸들의 변태다. 성(性)과 음식 또한 그런 역할을 한다). 변태는 이 공통의 실체를 직조하고 구축하고 분비하는 과정이다. 이는 시초·기층·토대라는 뜻은 아니다. 무엇보다도 변태는 미래이자, 언제 어디에나 존재하는 가능성이며 잠재적 현실이다. 그리고 그 모든 것은 죽음, 그곳을 향해 나아간다. 언제나 중요한 것은 우리가 어떻게 하면 조금이라도 자기 자신으로 남을 수 있는지, 그리고 그 과정에서 완전히 소멸하지 않을 수 있는지에 있다.

세상은 고치들로 이루어진 하나의 거대한 고치다.

고치는 어디에나 있다. 생명체의 세포 하나하나가 고치다. 각각의 개체가 고치다. 우리 각자는 세계가 새로운 얼굴을 찾고 발견하는 공간이다. 고치는 어디에나 있다. 각각의 환경이 고치다. 각각의 종이 고치다. 생명의 형태는 얼굴 없는 미래의 영원한 침식으로 현재를 드러내는, 결코 멈추지 않는 변태의 장소다. 고치는 어디에나 있다. 이 지구상에서 가장 거대한 고치는 바로 대기다. 그리고 지구 전체가 하나의 거대한 고치일 뿐이다. 그곳은 어떠한 주체도 자신의 힘에 안주할 수 없도록 만든다.

고치는 어디에나 있다. 고치는 전향이나 혁신의 부름을 기다리지 않는다. 그 안에서는 알아볼 수 없고, 예측할 수 없는 미래가 끊임없이 만들어진다. 그 미래는 이미 여러 차례 우리 각자, 그리고 우리를 둘러싼 모든 것의 해부학을 변화시켜왔다.

나는 자주 그 고치의 일부가 되기를 꿈꿨다. 흰색의 부드러운 비단만이 나를 감싸고 있는.

나는 자주 그런 것을 꿈꿨다. 반기를 들 필요도 없다. 누구에게 맞서 싸울 필요도 없다. 부패할 필요도 없다. 그저 허물을 벗으면 된다. 그저 얼굴을 바꾸는 일. 몸을 바꾸는 일. 다른 존재가 되는 일.

나는 자주 그런 것을 꿈꿨다. 새로운 세계를 설계할 필요도 없이. 세상을 개혁해야 한다는 강박 없이. 그저 깨어나서, 우리가 알던 것과는 전혀 다른 세상에서 살아가기.

이 꿈이 우리 행성의 삶이다. 이 꿈이 생명의 역사다.

환생

음식과 변신

우리 대부분에게 적어도 하루 세 번 일어나는데도 거의 주목하지 않는 일이 있다. 식물인지 동물인지, 또는 버섯인지는 상관없다. 매일 우리는 다른 생명체의 몸을 우리 몸과 말 그대로 한 몸이 되게 하기 위해 자리에 앉아 입과 손을 사용하는 습관이 있다. 그들의 생명을 빼앗고, 그들의 뼈와 살을 가져와 우리 생명 안으로, 우리 뼈로, 우리 살로 변형해버리는 것이다. 우리는 이 기이한 작업을 영양 섭취라고 부르며, 이것은 생리학적 필요성보다는 연금술적 신비에 훨씬 더 가깝다. 대개 우리는 이 먹는 행위를 당황스러운 무엇, 비천한 무엇, 즉 가능한 신속히 채워줘야 할 생물학적 욕구로 보는 데 익숙하다. 대개 우리는 그 욕구가 행하는 일을 숨기려 한다. 우리는 타자의 생명을 빼앗는 이러한 경험을 우리와는 다른 무엇으로, 맛·냄새·색상 등 추상적 감각으로 이루어진 고급의 미학적 경험으로 만든다. 접시에 있는 것은 더 이상 양고기·토마토·딸기가 아니다. 그것은 신맛·떫은맛·단맛·짠맛·액체·고체·노란색·녹색·갈색·빨간색 등 맛과 색상, 또는 촉각적 재료에 대한 추상적 성질들이다.

우리가 식탁에 앉을 때마다 일어나는 이 마주침, 샌드위치를 먹거나 와인을 마실 때나 식당에 가거나 아이스크림을 맛볼 때마다 일어나는 이 마주침이 지닌 구체적 특성들을 제거하려는 욕망이 있다. 이 욕망은 단순히 물질을 고귀하게 만들려는 욕망의 증상이거나 우리의 정신성을 나타내는 징후만은 아니다. 이러한 욕망은 무엇보다도 음식과 관련된 강한 죄책감, 그리고 우리가 음식을 먹음으로써 실제로 무엇이 일어나는지 알지 못하는 우리의 무능력과 관련 있다. 이 깊은 죄책감은 채식주의에 대한 논쟁에서 표현되곤 한다. 우리가 누리는 삶이 다른 생명체의 죽음을 포함한다는 사실에 대해 우리는 너무나 죄책감을 느껴, 고통을 느끼는 생명체(동물)와 고통을 느끼지 않는 생명체(식물) 사이에 인위적인 경계를, 임의적인 한계를 설정하려 한다. 우리는 흔하고 뻔하며 일상적인 행위이나 동시에 기적적이고 이해할 수 없는 이 행위에 심한 죄책감을 느끼기 때문에, 이 행위를 습관적으로 단순히 열역학적 모델에 따른 에너지 교환으로 축소한다. 이렇게 함으로써 우리는 식사와 관련된 적어도 두 가지 매우 놀라운 사실을 잊어버린다.

첫 번째는 우리가 동물이며 종속영양생물인 한, 먹는다는 것은 늘 다른 생명체를 접한다는 의미라는 점이다. 우리는 다른 생명체의 생명으로 살아갈 수밖에 없다. 생명은 생명을 먹고 산다. 어떠한 생명도 자급자족할 수 없다. 생명은 단순히 더 많은 에너지가 필요한 것이 아니다(에너지만 필요하다면 전기 콘센트를 꽂는 것으로 충분할 테니까). 생명은 다른 생명체가 구축한 생명을, 또 다른 형태의 활동 중인 생명을 자신 안에 불어넣어야 한다. 먹는다는 것은 단순히 물질을 우리 몸에 주입하는 것이 아니다. 먹는다는 것은 단순히 영양소와 에너지를 섭취하는 것이 아니다. 먹는다는 것은 타자의 생명을 우리 몸속으로 수혈하는 행위다. 그 생명이 죽었는지, 익히거나 훈제하거나 건조시켰는지는 상관없다. 우리는 언제나 살아있는 몸이 필요하다. 우리가 먹는 것은 언제나 생명, 오로지 생명이다. 먹는다는 것은 두 생명을 하나로 합치는 행위다.

우리는 먹는다는 필수 행위에서 부정성과 죽음의 증거를 보는 잘못을 저지른다. 먹는 행위를 단지 희생과 폭력의 한 형태로만 보는 것은 그릇된 일이다. 그것은 반쪽 진실일 뿐이다. 물론 두 생명체 중 하나는 사라질 것이다. 하지만 우리가 간과하는 것, 우리가 먹는 행위를 단순히 에너지 교환으로 축소해 생각할 때마다 우리가 고려하지 못하는 것, 그것은 모든 생명체는 자신뿐만 아니라 다른 생명체에게도 생명을 줄 수 있는 능력이 있다는 점이다. 닭·소·토마토·감자·보리쌀은 각자 몸의 한계 안에 갇힌 생명체가 아니다. 이들은 다른 생명체의 몸에 들어가 생명을 전할 수 있는 몸들이다.

달리 말해, 생명체를 살아 움직이게 하는 생명은 개별적이거나 특수한 것이 아니다. 그것은 생명체 안에 머물 수도 있지만, 거기서 나와 무한히 다양한 여러 종의 개체들에게 생명을 줄 수도 있다. 이 사실에는 정말로 신비로운 무언가가 있다. 음식은 우리에게 다음과 같은 점을 말해준다. 우리 각자가 절대적으로 개인적이며 자신만의 것으로 간주하는 생명이 사실은 본질적으로 익명적이고 보편적이며, 어떠한 유형의 생명체라도 살아 움직이게 할 수 있다는 것을. 매번 영양을 섭취하는 행위는 어떤 점에서 우리가 먹은 생명과 본질적으로 동일한 생명을 우리가 가지고 있음을 보여주는 것이다. 우리도 죽으면 다른 생명체들의 잔치상이 된다는 사실로 이 점은 입증된다.

두렵고도 경이로운 것은 우리가 먹는 존재의 가장 깊숙한 곳에 있는 생명이 우리를 만들어낼 수 있다는 깨달음이다. 그것은 우리 안에 있는 생명과 똑같은 것이다. 우리를 살아있게 하는 것과 우리가 먹는 존재를 살아있게 하는 것이 같은 생명이라는 사실을 마주하는 것. 생명은 우리 인에서든 밖에서든 어디서나 살아갈 수 있다는 것. 이처럼 먹는다는 것은 곧 생명에 대한 사색이다. 우리 몸과 거위의 몸, 닭의 몸, 사과의 몸, 키위의 몸은 모두 생명의 변주들로, 특정한 형태로 규정되지 않은 하나의 생명이다.

식사는 가장 생각하기 두려운 생명의 보편성을 사색하는 일이다. 이 생명은 모든 것을 소화하고 흡수하며, 모든 것을 지탱하고 파괴한다. 생명은 자신을 담는 형태에 절대 만족하지 않는 것 같다. 이 생명은 어떠한 경계도 없어 보인다. 특정한 무엇으로 규정되지 않는 잡식성인 이 생명은 변화 가능성의 완전한 배제를 거부한다. 변화에 열려 있고 무엇으로 확정되지 않는 이 생명은 어떤 미래의 형태도 포기할 수 없다. 닭은 인간이 되고, 인간은 벌레가 되며, 벌레는 비둘기가 된다. 이 과정은 결코 원을 그리는 순환이 아니다. 생명은 몸에서 몸으로, 종에서 종으로 이동하며, 자신이 머무는 형태에 절대로 만족하지 않는다. 먹는다는 것은 다름 아닌 이런 것이다. 곧 여러 몸과 여러 종 사이를 순환할 수 있는, 모든 생명체에게 공통된 하나의 생명이 있다는 증거. 본성이라는 장벽도, 종이라는 장벽도, 개별성이라는 장벽도 생명을 하나의 형태, 하나의 종, 하나의 몸에 영원히 가둘 수 없다는 증거다.

이 순환은 변태하는 애벌레의 체험과 비슷하면서도 동시에 반대되는 점이 있다. 동일한 생명이 두 개의 다른 몸, 두 개의 자아에 퍼지며, 어떤 애벌레가 어느 나비의 애벌레인지 말할 수 없다.

이러한 관점에서 보면 우리가 죽음이라고 부르는 것은 단지 어떤 변태 과정으로 들어가는 문턱일 뿐이다. 모든 생명체는 생명이 무언가 다른 것을 만들어내는 고치다. 살아있는 각 개인의 죽음은 다른 개체들에게는 영양을 섭취하는 과정의 한 순간, 한 측면에 불과하다. 이러한 사실은 자연에서는 아무것도 죽지 않고 모두가 전환될 뿐이라는 것을 보여준다. 동일한 공통 생명이 개체에서 개체로 변형되고 순환하는 것이다. 식물이든 동물이든 생명체를 섭취할 때마다 우리는 변태의 장소가 되고, 변태의 주체이자 객체가 된다. 음식을 먹을 때마다 우리는 다른 생명의 형태(닭·칠면조·돼지·사과·아스파라거스·오징어)가 인간으로 변태하는 고치로 변하는 것이다. 음식을 먹을 때마다 우리는 인간이 소·복숭아·대구·케이퍼·아몬드의 살과 생명을 가져가는 고치로 변하는 것이다.

영양 섭취라는 지극히 평범하며 숨길 게 없는 이 행위에는 사실 매우 신비로운 두 번째 측면이 숨겨져 있다. 자연 속에 있는 여러 다양한 종의 개체들이 거의 다 관련돼 있다는 점이다. 영양 섭취는 항상 다종 간 만남이다. 생명은 개체 차원에서도 종 차원에서도 결코 단일한 형태에만 담길 수 없기 때문에, 주기적으로 얼굴을 바꿔야 하고 삶을 바꿔야 한다. 영양을 섭취하는 행위 속에서 모든 종이 만나며, 또 만나야만 한다. 먹는다는 것은 세계에서 가장 보편적인 다종 간 만남이다. 서로 다른 종들은 (계통학적 관계 그 이상으로) 서로 먹고 먹히는 과정에서 같은 살로 이뤄진 하나의 세계, 단일하고 상호 의존적인 무언가를 만들어낸다. 먹으면서(즉, 서로의 경계를 침범하면서) 그들은 이렇게 보편적 공동체를 형성한다. 자연, 서식지, 생명 형태의 차이 너머로 공동체들의 공동체를 형성하는 것이다.

다시 말해, 영양 섭취는 단순히 결핍 상태(생존 능력이나 생존에 필요한 물질이 부족한 상태)의 결과로 볼 수 없다. 영양 섭취는 모든 존재가 다른 존재와 접하고, 다른 종의 생명을 경유해 다른 존재가 되는 일이 필연적으로 일어남을 보여준다. 영양 섭취로 인해 자기 자신과 맺는 모든 관계는 정치적 관계가 된다. 살아남기 위해서는 자기 몸의 한계를 넘어서야 하며, 다른 종에 속한 누군가도 같은 한계를 넘어서도록 허용해야 한다. 이러한 의미에서 먹는 행위는 경계를 넘어 지구상에 존재하는 모든 개체와 종을 하나로 묶는 행위다. 영양 섭취는 개인이나 종의 취약성을 나타내는 것이 아니라, 가장 근본적인 정치적 행위다. 먹는 행위 안에서 경계의 본성, 경계의 형태, 경계의 존재는―가장 생물학적이면서 가장 형이상학적인 현실에서―끊임없이 문제시되며 전부 재조정된다.

그러므로 식사는 모든 종간 관계의 선험적 형식이자 내용으로서, 단순한 동반 관계나 공동 거주의 의미를 훨씬 넘어선다. 그것은 훨씬 본래적이고 근본적이며 보다 넓은 의미를 지닌다. 다윈 이후로, 생물학은 모든 생명체 사이에 (직접적이든 간접적이든) 유전적 관계가 존재한다는 것을 받아들였다. 생명체에는 공통의 기원이 있다. 번식은 모든 종이 상호 관계를 맺는 장소이며, 바로 이 상호 연결성에서 생명이 탄생하고 창조된다. 그러나 개체를 특정 집단에 고정해놓는 계통적 관계는 식사 과정에서 끊임없이 해체된다. 식사는 더 이상 생물학적 부정성의 결과로 간주해서는 안 된다. 식사는 각 개체가 집을 옮기고, 몸에서 몸으로, 장소에서 장소로, 살에서 살로 이동하도록 하는 자연의 초대다. 가이아의 전략은 그저 모든 생명체가 먹는, 모든 생명체가 공유하는 살을 매일매일 만들어가는 것이다. 이 살은 이 장소에서 저 장소로 떠돌아다닐 뿐 아니라, 이 몸에서 저 몸으로, 이 개체에서 저 개체로, 한 종에서 다른 종으로 순환한다.

고대 유럽 및 고대 아시아의 종교 언어로 환생, 영혼의 윤회, 전생 등이라 일컫던 이 전략은 근본적으로 반(反)정주적(anti-domestique)이다. 이는 이중의 의미에서 그렇다. 먼저 이 전략으로 인해 삶은 단순히 어떤 공간에서 거주하는가와 관련된 일로 생각될 수 없다. 세계는 우리의 거주지가 아니다. 세계는 우리의 과거와 미래의 살의 저장고이며, 우리가 인간이 되기 전과 오늘날 우리가 되기까지의 생명과 우리 정체성의 아카이브, 아직 실현되지 않았거나 실현될 가능성이 있는 생명의 모습에 대한 잠재적 목록이다. 두 번째로, 자기 자신과 맺는 관계도 결코 거주의 관계일 수 없다. 현재도 그럴 수 없고, 미래에도 결코 그렇게 되지 않을 것이다. 우리는 먹어야 한다. 우리가 다른 종의 몸을 먹어야 한다는 사실은 생명체가 단순히 공존하거나 나란히 동거할 수 없음을 의미한다. 어떠한 종도 자기 자신의 몸에만 머무를 수 없다. 모든 종은 필연적으로 다른 존재의 몸의 거처로 들어가야 하고, 그곳을 점유하며 그 속에 융합되고, 결국 다른 종의 몸이 되어야 한다. 우리 존재는 단순한 이동이 아니라, 끝없는 이주와 윤회의 과정이다. 혹은 우리가 다른 존재에게 먹힌다면, 우리는 그들의 거처가 된다. 우리는 다른 개체와 다른 종의 집이 된다. 우리는 결코 자기 안에서만, 집에서만 머무를 수 없다. 우리는 결코 타자의 몸을 오로지 타자의 집으로만 볼 수 없다. 우리는 자리를 옮겨야만 하고 집을 바꿔야 하며 몸을 바꿔야 한다. 혹은 반대로, 우리는 타자의 집이 되어야 하고, 우리의 살을 타자의 거처로 내주어야 한다. 그리고 그것은 단순히 또 다른 몸을 위한 집이 아니라, 무엇보다도 또 다른 종을 위한 집이다. 모든 생명체의 운명은 결국 다른 종의 몸이 되는 것이다. 이는 생식이 모든 종을 궁극적으로 자기 종을 배반할 운명으로 이끌며, 어떤 종도 영원성을 가질 수 없도록 만든다는 것과 같은 의미다. 영양 섭취는 생명체가 단순히 공간적으로 불안정할 뿐만 아니라 형이상학적으로도 불안정하다는 증거다. 생명체는 결코 하나의 형태에 고정되지 않으며, 이동할 운명에 처해 있다. 그 이동은 진화를 통해서뿐만 아니라, 영양 섭취 과정 자체를 통해서도 이루어진다. 모든 식사 행위 속에서 일어나는 환생은 생명체들 사이의 관계를 근본적으로 준(準)안정 상태로 만든다. 영양 섭취란 생명이 무한히 가변적이며, 어떤 변화도 받아들일 준비가 되어 있음을 보여주는 증거다. 생명을 지닌 몸, 생명체의 몸은 결코 정주의 논리로, 소유의 논리로 가둘 수 없다. 그것은 단지 끊임없는 물질의 윤회일 뿐이다. 우리는 아무것도 소유하지 않는다. 특히나 우리는 몸도 소유하지 않으며 정체성도 갖지 않는다. 아무도 집에 있지 않다. 특히 자신의 몸 안에 머물러 있지 않다. 이것이 식사 행위가 우리에게 가르쳐주는 바다. 지상의 누구도 집을 **가지고** 있지 않다. 본성상 또는 계보상 우리에게 속하는 무엇, 우리가 소유하는 것이 없다는 말이 아니다. 다만 모든 것이 끊임없이 매개되고 만들어지고, 또다시 만들어져야 한다는 뜻이다. 지상의 누구도 자기 집인 양 자기 몸을 살아가지 않는다. 자기 자신과의 관계는 결코 자연적이지도 자연발생적이지도 않으며, 결정돼 있는 것도 아니다. 우리는 끊임없이 집을 바꾸고, 다른 존재들의 생명과 몸을 점유한다. 우리는 끊임없이 다른 존재들의 집이 되고, 그들의 몸이 된다. 그 누구도 완전히 자기 집에 머물러 있지 않다. 이 세계에서 누구도 집의 관행을 따르며 살지 않는다.

먹이가 된다는 것

이것은 가장 불안한 형태의 변태에 관한 이야기다. 개체와 종의 정체성 면에서 생명체를 형성하는 형태를 본질적인 것, 독자적인 것, 그리고 무엇보다도 생명 그 자체에 내재된 필연적인 것으로 간주하기 불가능하다는 증거가 바로 영양 섭취다. 이 먹는 행위 덕분에 한 생명은 이 형태에서 저 형태로 이주할 수 있으며, 완전히 상반된 형태를 지닐 수도 있다. 반면, 먹는 행위로 인해 모든 생명체는 무엇보다 **생리학적으로** 다종적이면서 종간 존재라는 성질을 드러낸다. 즉, 생명은 필연적으로 한 종에서 다른 종으로, 한 형태에서 다른 형태로 넘어가야 하며, 여러 생명 형태로 구성될 수밖에 없는 존재다. 또한 영양 섭취는 모든 종이 끊임없는 운동을 통해 하나의 동일한 생명을 구축하면서(음식 섭취는 두 생명 형태 사이의 생리학적 등가성을 찾아내는 행위이기 때문에) 동시에 그 생명의 차이를 지속적으로 생성하는(하나의 형태를 또 다른 형태로 변형하는 행위이기 때문에) 과정임을 증명한다. 이 일상의 반복적인 행위는 우리에게 다음과 같은 사실을 끊임없이 상기시킨다. 이 지구상에서 변태하지 않는 생명은 존재하지 않으며, 변태란 모든 생명체에 내재된 가장 근본적인 대사 작용이지, 몇몇 생물학적 진기한 표본 속에서나 발견할 수 있는 희귀하고 고립된 사건이 아니라는 것이다.

식사, 즉 가장 흔하게 반복되는 이 변태 형태는 죽음이 생명의 대척점이 아니라는 증거이기도 하다. 죽음은 모두가 공유하는 생명이 한 형태에서 다른 형태로 바뀌는 과정이다. 죽음은 결코 생명을 중단시킬 수 없으며, 단지 존재 방식을 변화시킬 뿐이다. '사체'는 다른 생명체의 음식이고 생명이다. 모든 죽음은 다른 얼굴 아래 존속하는 생명이다. 다른 한편, 생명은 항상 이전 생명이 환생하는 형태로 만들어진다. 몸은 몸을 살아 움직이게 하는 생명의 존재론적 경계가 아니라, 단지 생명의 일시적인 표명의 경계를 나타낸다.

현대의 생태학적 사고는 바로 영양 섭취에 대한 고찰로부터 이러한 유형의 결론에 이르게 된다. 그중 가장 급진적인 결론은 20세기가 낳은 가장 독특한 사상가 중 한 명인 발 플럼우드(Val Plumwood)에게서 나왔다. 그녀의 사상은 호주 카카두 국립공원에 있는 이스트앨리게이터강에서 카누 사고를 당한 경험에서 출발한다. 악어에게 공격당했던 플럼우드는 당시 죽음에 대한 두려움에 사로잡히지는 않았다고 이야기한다. 그녀는 오히려 이 상황이 비현실적이라는 느낌에 사로잡혔다. 지금 일어나는 일이 진짜일 리 없다고. "이건 환영이야! 절대 실제일 리 없고 그래서도 안 돼!" 우리가 소중히 여기는 세계의 이미지는 "다른 동물의 먹이가 되는 굴욕적인 경험"을 예상하지 못하며, 이는 "완전히 낯선 일이고 거의 생각할 수도 없는 일"이다. "그 세계는 인간이 상어·사자·호랑이·곰·악어의 먹이가 될 수 없는 세계이며, 까마귀·뱀·독수리·돼지·쥐·고아나(큰도마뱀), 그리고 다양한 작은 생물과 미생물의 먹이가 될 수 없는 세계다." 플럼우드는 오로지 그 믿음에 대한 회의를 느낀 것이 아니라, 무엇보다도 도덕적 분노를 느꼈다고 한다. "그 생명체는 규칙을 어기고 있었다. 나를 단순히 음식으로 여긴다는 것은 완전히 잘못된 것이다. 인간으로서 나는 단순한 음식 이상이었다. 그것은 내가 무엇인지에 대한 부정이며 모욕이었다." 그녀가 설명하듯, 믿음에 대한 회의는 단순히 실존적 문제가 아니라 윤리적 문제다.

발 플럼우드는 이러한 비현실감과 분노의 감정을 이해하는 데 지적 생애의 상당 부분을 할애했다. 그 감정은 "모든 생명체는 다른 생명체의 먹이로 존재한다"는 사소하지 않은 명백한 물리적 증거에 대한 반응이었다. 따라서 문제는 바로 이것이다. "왜 우리가 음식이 된다는 사실이 그렇게 충격적이었는가? 그리고 어떤 종류의 충격인가?" 다시 말해, 우리는 다윈으로부터 많은 것을 배웠음에도 불구하고, 왜 "우리가 음식이자 살이라는 것, 우리가 먹는 대상들과 같은 존재로서 동물의 질서에 속한다는 것, 이 육화의 현실에 직면하기가 이토록 고통스러운가? 왜 우리는 다른 이의 잔치를 쳐다보는 비육체적인 눈처럼, 일종의 관찰자가 될 수는 없는 것일까?" 왜 "우리가 다른 동물들의 잔치상이 된다"는 인식을 "굴욕적이고도 매우 혼란스러운 경험"으로 표현하는가?

플럼우드는 먹이 사슬 속에서의 평등과 상호성을 인정해야만 우리가 직면한 생태적 위기를 극복할 수 있다고 믿는다. "모든 생명체는 음식일 뿐만 아니라 그 이상의 존재다. 우리 자신을 다른 존재의 음식으로 생각하는 것, 그로부터 우리는 생명을 순환으로, 조상 공동체의 선물로 이해할 수 있으며, 죽음을 재순환으로, 기원부터 생태적 공동체 안에서 계속되어온 흐름으로 이해할 수 있다."

이를 위해서는 우리가 우리 주변의 모든 것과 근본적으로 다르다고 생각하게 만드는 신화에서 벗어나야 한다. 우리 생명이 다른 모든 생명체를 거쳐 가는 생명과 동일하다는 사실을 거부하는 입장은 그저 이론적인 차원에 그치지 않는다. 우리가 다른 생명체와는 다르며 우월하다는 주장, 우리가 정신적 물질로 만들어졌다는 주장은 포식을 "우리가 다른 생명체에게 하는 것, 그러나 우리는 당하지 않는 것"으로 둔갑시켰다. 게다가 다른 모든 대형 포식자를 실제로 멸종에 이르게 했다. 이러한 주장은 특히 우월성과 분리성이라는 환상을 무한히 반복 재생산하도록 이끌었다.

이와 마찬가지로, 죽은 사람을 단단한 관에 매장하는 것은 "(적어도 충분히 부유한) 서구인의 몸이 다른 종들의 먹이가 되는 것을 막기 위한" 선택이다. 심지어 화장(火葬)도 다른 생명체가 우리 몸을 건드리지 못할 것이라는 환상을 주는 것 같다. 물론 이 경우에도 우리 몸은 여전히 다른 생명체의 먹이가 된다. 일단

나무는 우리 몸에서 방출되는 모든 탄소를 흡수한다. 우리는 다른 생명체가 될 수밖에 없다.

이처럼 죽음은 지구상의 모든 존재가 전제하는 상호 순환에서 우리 몸만 벗어나게 하는 구실이 되었다. 죽을 때까지 우리는 인간성을 강조함으로써 우리가 다른 생명체의 살이자 다른 생명체가 지녔던 생명의 변태에 불과한 존재이며 필연적으로 다른 형태의 생명으로 변태할 운명에 처해 있다는 사실에서 벗어나려는 것 같다. "질투심 때문에 자신을 보호하고, 타자와 거리를 두며, 자신을 먹이가 될 수 있는 존재로 개념화하는 것을 거부하고, 심지어는 벌레 그리고 우리를 먹여 살린 지구에게조차 그 무엇도 돌려주기를 거부하려는" 의지가 인간 문화 속에 퍼져 있다.

자아의 윤회와 환생

이러한 저항감이 우리가 죽음에 대해 생각하고 죽음을 대하는 방식에서 드러나는 것은 우연이 아니다. 죽음을 처리하는 방식과 죽음에 대한 상상력 속에서 우리는 우리 몸이 지닌 활력의 한계가 곧 생명의 경계라고 마음대로 규정해버린다. 우리 몸을 지탱하는 생명은 반드시 다른 몸으로 전달되고, 다른 어딘가로 이주하며 형태를 바꾼다. 우리가 시체를 다른 생명체와 물리적·상징적으로 분리하는 관습은 바로 이러한 사실을 억누르고 망각하도록 만들고 있다는 상징적 표시다. 이 같은 이유에서 지난 2000년 동안 유럽을 지배했던 종교의 근간을 이루는 신화인 죽은 자의 부활은 다음 사실에 대한 분명한 확언이라 볼 수 있다. 한편으로는 인류를 거쳐 가는 생명과 나머지 다른 생명체를 살아있게 만드는 생명 간 실체적 단절이고, 다른 한편으로는 각 개체들의 생명 간 개인적 단절이다. 인간의 서로 다른 몸들은 실체적으로 생명을 나눈다. 즉, 몸이 존재하는 만큼, 그만큼의 생명이 있다. 더군다나 인간의 육체성(corporéité)은 다른 생명체들의 육체성과 **근본적으로 다르다**. 이는 다른 생명체들이 가지지 못한 인지적 능력을 가졌기 때문만은 아니다. 인간이란 존재의 살은 다른 생명체들의 살과 질적으로 다르기 때문이다.

부활 신화는 훨씬 더 오래전인 수백 년 전부터 지중해 지역에 퍼져 있던 환생 신화의 변환(transformation)—클로드 레비스트로스가 이 용어에 부여한 의미대로 변증법적 변이와 변신이라는 뜻—으로서 발달한 것이다. 그 오래전 신화에서 모든 생명은 생명을 담는 몸의 경계를 넘어, 몸에서 몸으로 전달된다. 오비디우스는 이렇게 설명했다. "아무도 자신의 형태를 유지하지 않는다. 자연은 다른 이들에게서 모습을 빌려온다." 마찬가지로 "이 광대한 세계에서 아무것도 소멸하지 않는다. ……모든 것은 변형되고, 얼굴을 바꾼다. 우리는 탄생을 이전과 다른 것이 되기 시작하는 것이라 부르고, 죽음을 그 반대라고 부른다". 이 변환의 사슬은 모든 생명체와 지구 전체를 포함한다. "하늘과 그 아래 존재하는 것은 형태를 바꾸고, 땅과 그 안에 있는 것도 마찬가지다. 우리 또한 변형된다. 우리는 그저 몸이 아니라 날개 달린 영혼이며, 때로는 야수들의 몸을 우리 거처로 삼거나, 길들인 동물들의 몸 속에 숨어들 수도 있다." 그리하여 모든 개체는 죽음 후에 반드시 다른 몸을 받아들여야만 한다. 인간이든 동물이든 상관없다. 이러한 일이 일어나는 생명과 육체성 사이에는 본질적인 관계가 있다. 주체성(subjectivité)과 마찬가지로 생명은 생명이 거쳐 가는 형태로 정의되지 않는다. 인간의 형상 속에서 '나'라고 말하는 주체는—제한적이나마—쥐의 몸이나 사자의 몸에서도 자기 자신을 인식할 수 있다.

영혼과 숨결은 "한 장소에서 다른 장소로 떠돌며, 거기서 다시 원래 자리로 돌아온다. 그리고 원하는 몸을 점유한다". 오비디우스는 이를 다시금 떠올렸다. "짐승에게서 인간으로, 인간에게서 짐승으로, 어떤 때에도 영혼은 죽지 않는다. 부드러운 밀랍이 새로운 형태를 갖게 되면 전과 같은 모습으로 머물지 않고, 동일한 형태를 유지하지도 않지만 그것은 모두 같은 것이다. 이처럼 영혼도 항상 동일하며, 다양한 모습으로 이주한다."

기독교의 부활은 플라톤의 저작에서도 찾아볼 수 있는 이러한 신화의 변형이다. 물론 기독교의 부활은 무한한 환생이 아니라 한 번의 환생을 약속한다. 그런데 바로 이 두 번째 생(환생)은 **오로지** 인간의 몸에서만, 우리가 차지했던 같은 몸에서만 일어날 것이다. 이러한 점에서 주체성은 인간성뿐만 아니라, 특히나 개체적이고 개인적인 육체성과 본질적인 관계가 있다. 우리가 다른 생명체의 먹이가 될 가능성은 제쳐두고, 몸의 부활을 둘러싼 논쟁이 애초부터 동일성의 문제와 영속성의 문제를 포함하게 된 것은 바로 이 때문이다. 몸이 짐승이나 벌레에게 먹히더라도, 개인의 살점은 되돌아올 것이기 때문이다. 이렇게 부활 신화는 우리 삶의 **인간적·개인적** 성격에 대한, 그리고 우리 살과 다른 생명체들의 살의 존재론적 분리에 대한 가장 극단적이면서 일관된 교리다.

죽음의 신성화와 절대화는 단지 이러한 목적을 위한 것일 뿐이다. 우리가 죽음을 절대적 사건으로 간주하는 것은 단지 우리의 인격과 순수한 인간성을 물신―절대적 믿음의 대상―으로 만들었기 때문이다. 그러나 우리 삶의 끝은 결코 생명의 끝이 아니다. 모든 '시체'는 종과 형태, 존재 방식을 바꾸는 생명의 변형이자 생명의 변태다.

우리 삶이 오로지 개인적인 것이자 인간적인 것이며, 신체적 차원에서만 존재하다가 몸의 죽음과 함께 끝난다고 주장할 때, 이는 단순한 감각적 증거의 진술이 아니며(왜냐하면 시신 안에도 여전히 생명이 존재하지만, 다른 형태로 지속될 뿐이기 때문에), 인간 자아의 **절대적** 본성에 기반한 믿음의 행위다. 즉, 죽음 이후에는 아무것도 존재하지 않는다고, 몸을 움직이게 하는 생명은 몸의 변환과 함께 끝난다고 단언하는 것은 단순한 사실 진술이 아니라, 우리가 인체에 대해 스스로 설정한 이미지 속에 생명체의 주체성을 가두려 하는 믿음의 행위를 밝히는 것이다.

우리가 지금까지 살펴본 온갖 형태의 변태는 생명체의 수를 몸의 수와 동일하게 계산할 수 있다는 주장, 그리고 종과 개체의 형태에 따라 생명체의 불연속성이 존재한다는 그 모든 주장에 대한 가장 강력한 반론이다. 변태는 생명체 사이에 존재하는 생명의 연속성에 관한 이론이자, 자아와 생명이 본래 다종적이고 초개체적인 본성을 갖고 있다는 하나의 교의에 해당한다.

현대에 등장한 생태학적 사상 가운데 가장 경이로운 글 하나에서 우리는 이러한 생각을 다시금 확인할 수 있다. 20세기 가장 위대한 사상가 중 한 명인 알도 레오폴드(Aldo Leopold)는 그의 가장 유명한 책 《모래 군(郡)의 열두 달》에 실린 글에서 호메로스 《오디세이아》를 두 편의 마주보는 이야기 형태로 다시 썼다. 이 이야기는 두 원자의 삶에 관한 것으로, 이 두 원자가 집이라 여길 만한 곳으로 되돌아가는 여정을 다룬다. 첫 번째 이야기에서 X라는 가상의 이름을 가진 문제의 원자는 인간의 손때가 묻지 않은 풍경에서 살아간다. X는 "고생대 바다가 그 지역을 뒤덮은 이후, 절대로 끝나지 않을 것 같던 영원의 시산 동안 돌 속에 갇힌 채 석회암 평원에서 자신의 시간을 기다렸다". 그러던 어느 날 X는 "굵은 도토리가 달린 떡갈나무 뿌리가 흙을 밀어내 틈이 생기고 길이 트인 바로 그날" 마침내 자유롭게 풀려나왔다. 바로 그때 X의 삶은 "순식간에 살아있는 것들의 세계로 내던져졌다". X는 꽃·도토리·사슴·인디언에 이어 다시 흙으로 되돌아간다. 그러고 나서 쇠풀(Andropogon)의 뿌리가 되는 등 일련의 변화 과정을 겪는다. 그리고 결국 "이전에 갇혀 있던 감옥인 바다로" 돌아간다. 두 번째 이야기에서 원자 Y는 "새로운 동물이 나타나, 자기 생각대로 초원에 질서를 세우기 시작"하자 어머니 바위에서 떨어져나왔다. 이 황폐한 풍경 속을 한때 떠돌아다니던 원자들은 "이제 기름진 진흙 속에 갇혀 꼼짝하지 못하고 어찌할 줄 모른다". 인간이 다른 생명체의 삶에 끼어들어 죽음을 부르는 행위를 저지르는 데 대한 비난을 넘어, 이 이야기는 환경에 대한 생각 전반에, 환경윤리 전반에 새로운 기초를 제공한다. 원자의 관점을 채택한 것은 단지 조야한 수사학적 기교가 아니다. 그것은 이 행성을 살아가는 모든 생명체의 물질적이고 정신적인(주관적인) 절대적 연속성을 이해하고 입증하는 방법이다. 존재들의 상호 의존성과 그들이 시스템을 구성할 수 있는 능력을 주장하는 것만으로는 충분치 않다. 모든 존재는 오직 하나의 동일한 생명의 표현이며, 연속성의 관계에 있지 단순히 공간적 인접성의 관계가 아니다. 불연속성은 존재론적 차원(죽음)이 아니라 순전히 방식과 형태의 문제다. 레오폴드의 원자 X와 Y는 존재 방식을 바꾸지만, 실체는 변하지 않는다. 이렇게 첫 번째 초상을 마무리하는 **말씀**이 선포된다. "유일하게 확실한 것"은 생명체들이 "힘차게 먹고 전속력으로 살아서 자주 죽어야 한다는 것"이다.

　죽음은 인간이 만들어낸 신화로 인해 우리가 믿게 된 생각보다는 한층 평범하고 일상적인 사건이다. 우리는 빨리 살고 자주 죽어야 하며, 생명이 선택한 형태에 집착하지 말아야 한다. 생명은 하나의 방식이지, 하나의 실체가 아니다. 이러한 접근은 지구에 대해 근본적으로 다른 태도를 갖게 한다. 왜냐하면 우리를 둘러싼 모든 것이 우리가 지닌 생명과 같은 강도로 우리를 거쳐 가는 바로 그 생명에 참여하며, 우리는 이 지구를 가득 채우고 있는 모든 것과 같은 살, 같은 생명이기 때문이다. 또한 '자연적'이든 '인공적'이든 이 모든 풍경은 과거의 우리 몸, 미래의 우리 몸이 하늘 아래 펼쳐진 아카이브일 뿐이다. 우리는 지구상의 모든 것과 같은 살, 같은 영혼을 공유한다. 우주를 이루고 있는 물질의 연속성을 이해하기는 쉽다. 나를 이루고 있는 살은 다른 곳에서 왔으며, 내가 태어나기 훨씬 전부터 이 행성에 존재했다는 것을 인정하는 데 전혀 문제가 없다. 우리를 이루는 모든 원자는 우리 이전에 무수히 많은 생명―인간·식물·박테리아·바이러스·동물―에 몸을 제공했다. 또한 이 원자들은 절대 멈추지 않을 춤 속에서 다른 생명체들이 살아갈 현실을 제공할 것이다.

반면, 이러한 연속성이 정신적이고 사변적인 차원에서도 존재할 수 있다는 생각은 우리를 혼란스럽게 한다. 그러나 이러한 자아의 윤회는 우리 생각보다 훨씬 더 흔하고 평범한 일이다. 이 책을 통해, 그리고 바로 이 순간에 나는 여러분을 생각하고 있으며, 여러분의 정신 속에서 '나'라고 말한다. 친구의 말을 주의 깊게 들을 때 다른 사람들의 자아가 내 자아를 점유하는 것처럼 말이다. 예를 들어, 데카르트의 유명한 격언 "나는 생각한다, 고로 존재한다"를 말할 때마다, 우리는 잠시나마 데카르트의 영혼이 우리 속에서 환생하도록 하고, 그의 영혼에 우리 목소리와 몸을, 우리 경험을 빌려준다. 어떤 의미에서는 우리 안에서 '나'라고 말하면서 자신이 사실이라고 여겨온 것을 하나하나 정면으로 반박하고 있는 것도 바로 그이다. 자아는 실체가 아니며, 개인의 틀 속에 갇히지 않는다. 자아는 끊임없이 정신에 침투하고, 몸을 차지하며, 어느 한 몸에 영구적으로 귀속될 수 없는 작은 음악과 같다. 모든 사상은 떠도는 자아이며, 정확히 레오폴드의 원자처럼 떠돈다. 모든 자아는 다른 사람들의 정신, 즉 그 생각·숨결·과거를 전달한다. 바로 이러한 정신적 전이―또는 고대 신학의 용어로 말하면 '영혼의 윤회'―덕분에, 공동체가 가능해진다.

유전학과 환생

각자의 몸을 살펴보면 쉽게 알 수 있을 것이다. 모든 생명체는 이전에 존재했던 생명을 재활용하는 엄청난 일을 한다. 우리를 품고 있는 그 무엇도 새로운 것은 아니다. 모든 것은 다른 몸, 다른 장소, 다른 시간에서 비롯된다. 생명체는 끊임없이 물질과 생각, 형태를 교환한다. 생명체는 다른 생명체들의 물질과 생각, 형태로부터 자신의 몸과 정신을 조합하고 재구성한다. 모든 것은 다른 삶에 속해 있었고, 모든 것은 이미 여러 형태로 여러 번 살아왔으며, 모두가 재적응되고 재배치되고 재형성되었다. 그렇기 때문에 모든 생명은 이미 경계를 넘나들었다. 계(界)와 종, 개체의 경계뿐만 아니라 장소와 시간의 경계도 넘나들었다. 모든 것은 변태를 통해 살아간다. 변태는 이전의 것을 변형한 반복이다. 오늘의 우리 안에 살아있는 것, 자기 뒤에 무한히 타인의 삶을 지니는 그 모든 것 중 어느 것도 동일한 삶을 산 적이 없다. 변태가 이 세계의 모든 물질에 강요하는 재활용은 어떤 형태로든 동일한 것의 반복과 순환을 방지한다. 우리가 무엇보다 환생에 관해 이야기해야 하는 이유가 바로 여기에 있다.

모든 환생은 이전의 삶을 단순히 복제한 것이 아니다. 그것은 두 존재가 서로의 몸에서 환생할 수 있게 하는 기술이다. 영양 섭취 외에도, 성행위는 짚신벌레같이 번식과 관련 없는 경우조차 생명을 이주하게 만드는 가장 극단적인 형태다. 한 생명체를 다른 생명체와 공유하는 살로 만드는 이주이기 때문이다. 자연을 끝없는 카니발로 만드는 이 이주의 축제는 모든 존재를 혼혈이 되게 한다. 근본적으로, 그것은 존재론적으로 불순하고 혼합된 무엇이다. 가장 깊은 곳 중심에 비(非)생명의 일부, 그러니까 지구의 광물로 이루어진 살을 담고 있다.

그런데 우리 삶을 무한한 환생의 연쇄로 만드는 더 근원적인 요소가 있다. 바로 유전자다. 사실 우리 몸에 형태를 부여하는 유전자는 단순한 정보에 그치지 않는다. 유전자는 진정한 미시세계의 작가이자 진정한 카피라이터다. 아주 특별한 의미에서 그렇다. 우리가 글을 쓸 때와 달리, 내가 이 글을 쓸 때와 달리, 이 미시세계의 작가들은 그들의 글과 일치하며, 글쓰기 과정 자체와 일치한다. **그들은 글을 쓴다. 하지만 그들이 쓰는 것이 곧 물질적으로 그들 자신이다.** 그들은 작가의 몸에서 생성된 글의 형태이며, 작가와 분리되지 않는다. 마치 내가 쓴 모든 단어가 내 몸에 새겨져 나와 함께 여행하는 것과 같다. 아니, 차라리 유전자라는 작성자의 글쓰기 행위는 곧 자신의 몸을 수술하는 작업과 같다. 각자 자신의 글쓰기를 끊임없이 재창조하고 개선하며, 그 글의 의미는 그들의 몸으로 이루어내는 것과 일치한다. 이는 마치 내가 쓴 단어 하나하나가 늘 내 몸을 변화시키는 것과 같은, 말 그대로 창조적 글쓰기의 한 형태다. 발언한 자와 그 말, 주체와 제공된 정보 사이에 차이가 없기 때문에, 새로운 것은 변태를 통해서만 나타날 수 있다. 또는 역으로, 그들 덕분에 글쓰기가 존재론적 환생 과정이 된다. 이는 최소한 두세 가지 의미를 지닌다.

우선 말하기, '나'라고 말하기, 글쓰기는 언제나 **자신을 복제하는** 행위다. 우리에게 유전적 구조가 존재하는 이유는, 우리 자신이나 우리가 속한 유기체에 대한 모든 정보, 즉 모든 정체성이 하나의 복제본, 하나의 사본, 제2의 자신이기 때문이다. 그러나 이러한 환생의 연쇄는 마치 만화경처럼 조각나고 증식된다. 유전자 덕분에 우리의 정체성을 이루는 모든 세부 요소는 자율성을 가지며, 서로 분리되고, 무한히 다양한 생명과 몸 속으로 흩어질 수 있다. 우리를 구성하는 것 가운데 가장 미세한 요소조차도 이미 우리 밖에서 독립적으로 존재해왔으며, 지금 함께 있는 다른 요소들과 무관하게 살아갈 수 있으며, 앞으로도 끝없이 다른 존재들 속에서 다시 테어날 것이다. 그리고 그 존재들은 반드시 같은 종에 속할 필요조차 없다. 환생이 만들어내는 자아의 정체성은 언제나 분산(dissémination)된다. 이 분산에 비추어 보면 모든 생명체는 여러 존재의 동시적 만남이자, 지금의 삶과는 완전히 다른 미래의 삶에 쓰일 무엇이 된다.

결국 유전적 글쓰기―환생의 글쓰기―는 말하기의 의미를 더 잘 이해할 수 있게 해준다. 유전학을 언어의 은유로 해석해야 하는 것이 아니라, 오히려 그 반대다. 유전자가 몸에서 하는 일을 언어는 정신에서 한다. 말은, 함께했던 다른 모든 부분과 분리된 채 어디서든 환생할 수 있는 부분들로 정신을 나눈다. 모든 대화, 모든 사유 행위는 정신적 정체성의 교환이며, 다른 곳에서 와서 끊임없이 여행하는 작은 자아들과 인물들의 모자이크다.

종(種)의 그림자

페터 슐레밀(Peter Schlemihl)은 자신의 그림자를 악마에게 팔았고
영구적으로 추방당한다. 악마의 두 번째 제안을 거절한 뒤, 페터
는 한 걸음에 약 30킬로미터를 걷는 장화를 산다. 그는 이후 고
대 이집트 테바이드의 은둔자처럼 속세를 떠나 자연 연구에 남
은 생애를 바친다. 페터는 바로 이 유명한 이야기(《페터 슐레밀의
기이한 이야기》)의 실제 작가인 아델베르트 폰 샤미소(Adelbert von
Chamisso)에게 다음과 같은 편지를 보낸다. "제 책《양 대륙(신대
류과 구대류) 식물의 역사》는 이미 지구의 보편적 식물상의 중요
한 단면을 보여주며, 저의 자연 분류체계의 한 부분을 구성합니
다. 저는 이 세상에 알려진 종의 수를 적당히 3분의 1 이상 늘
렸다고만 생각지 않습니다. 저는 자연 체계와 식물의 지리학에
도 무언가 기여했다고 생각합니다." 이 허구의 인물이 보여주는
자연 연구의 열망은 실제로 작가의 열망과 일치했다. 베를린 동
물학박물관의 공동 설립자이자 관장인 마르틴 하인리히 카를 폰
리히텐슈타인(Martin Heinrich Carl von Lichtenstein)의 제자이면서
의학을 공부한 샤미소는 독일 낭만주의의 가장 뛰어나면서도 파
악하기 어려운 인물 중 한 사람이다. 루이 샤를 아델라이드 드
샤미소 드 봉쿠르라는 이름으로 상파뉴에서 태어난 그는 프랑스

혁명 직후인 1792년 프랑스를 떠나 독일로 망명했다. 언젠가 그는 자신을 이렇게 묘사했다. "나는 독일에서는 프랑스인이고 프랑스에서는 독일인이다. 개신교도들 사이에서는 가톨릭 신자이고 가톨릭 신자들 사이에서는 개신교도다. 신자들 사이에서는 철학자이고 자유사상가들 사이에서는 신앙심 깊은 사람이며, 학자들 사이에서는 세속인이고 세속인들 사이에서는 학자다. 귀족들 사이에서는 자코뱅파이고 민주주의자들 사이에서는 귀족이자 구체제 사람이다. 나는 누구에게도 속하지 않으며, 어디서나 이방인이다. 나는 모든 것을 포용하고자 했지만, 모든 것이 내게서 벗어난다."

《페터 슐레밀의 기이한 이야기》가 인간 삶에 영향을 미칠 수 있는 보이지 않는 변태에 대한 깊은 고찰 중 하나라면, 샤미소는 거기서 지구가 품고 있는 가장 신비로운 변태 현상 중 하나를 발견한다. 소설이 출간되고 몇 달 지나서 1815년 8월에 샤미소는 코펜하겐에서 루릭호에 승선해 의사이자 곤충학자인 요한 프리드리히 에슈숄츠(Johann Friedrich Eschscholtz)와 화가 루트비히 호리스(Ludwig Choris)와 함께 항해를 시작했다. 항해 도중 샤미소와 에슈숄츠는 젤라틴 같은 몸을 가진, 해양성 피낭류에 속하는 살파에 매료되었고, 여기서 어떤 중요한 발견을 한다. 샤미소 본인이 말하길, 그들은 "먼바다에 사는 이 투명한 해양 연체동물의 모습에서 하나의 같은 종에서 세대에 걸쳐 두 가지 매우 다른 형태가 번갈아 나타나는 것을 발견했다. 자유롭게 헤엄치는 한 살파 개체는 어린 존재들을 낳는데, 이 존재들은 그 개체와 다른 구조, 서로 얽혀 있는 폴립 형태에 가까운 구조를 형성한다. 그리고 이 응집된 개체들의 집단 안에 있는 각각은 자유롭게 헤엄치는 동물 개체들을 낳는다. 이 동물 속에 이전 세대의 형태가 되돌아온다". 이러한 발견은 엄청난 현기증을 일으킨다. 왜냐하면 "이는 마치 애벌레가 나비를 낳고, 나비가 다시 애벌레를 낳는 것"과 같기 때문이라고 샤미소는 말한다. 여행에서 돌아온 그는 《린네의 분류체계에서 벌레에 속하는 어떤 동물에 관하여: 살파》라는 책을 출판하고, 여기서 이 발견을 더 상세히 기술한다. 샤미소에 따르면, 살파는 "두 가지 형태로 존재하는데, 일생 동안 자손이 부모와 다른 형태로 존재하나, 그 자손은 부모와 닮은 세대를 낳을 수 있기 때문이다". 이러한 이유로 "각 살파는 딸과 다르듯 어머니와 다르지만, 자매와 같듯 할머니와 손녀와 같다". 두 세대는 또한 다음과 같은 이유로 다르다. 첫 번째 세대는 개별적으로 살아가는 반면, 두 번째 세대는 더 집단적인 형태로 존재한다. 이에 따라 개별적으로 살아가는 개체가 하나의 동물로 보인다면, 집단을 이루는 개체들은 마치 살아있는 알들의 집합처럼 보일 수 있다. 샤미소는 이 과정을 주의 깊게 곤충이나 개구리의 변태와 비교한다. 그는 "이 변태가 정말로 흔하지 않기에, 우리는 이러한 각 개체의 생애와는 별개로 변함없는 형태 변태에 놀라지 않을 수 없다. 이 변태는 훨씬 뒤에 전개되는 두 형태, 유충과 성충을 낳는다. 이러한 형태의 변태는 연이은 두 세대 안의 변태에서 일어나며, 형태는 개체에게서 또는 자손에게서 변화하는 것이 아니라, 세대를 통해 변화한다". 마치 애벌레가 성충과 다른 것처럼 세대가 서로 다른 이유는 아직 잘 알려져 있지 않다. 샤미소의 발견은 처음에 〔특히 로렌츠 오켄(Lorenz Oken)에게〕 심한 비판을 받았다. 그러나 예상치 못하게 샤미소의 발견을 확인해준 이는 생물학자 미카엘 사르스(Michael Sars)다. 그는 다른 해양 동물에게서도 '세대 간 변태' 형태를 확인했다. 가장 중요한 사례는 우리가 흔히 볼 수 있는 해파리〔오늘날 아우렐리아 아우리타(Aurelia aurita, 보름달물해파리)라는 학명으로 알려진 해파리〕다. 사르스는 이 모든 경우 "변태를 겪는 것은 개체가 아니라 세대"라고 썼다. 이 현상을 정의한 사람은 덴마크 생물학자 요하네스 야페투스 스미트 스텐스트루프(Johannes Japetus Smith Steenstrup)다. 그는 자신의 출판물에서 이 문제의 현상을 '세대교변(Alternance des générations, 世代交番)'이라 칭했다. 스텐스트루프는 이를 "지금까지 설명되지 않은 놀라운 자연 현상"이라 말하며, "이 현상에서는 동물이 자신과 전혀 닮지 않은 자손을 낳고, 그 자손이 다시 어미와 같은 형상과 본성을 가진 자손을 낳아, 어미는 자신의 자손에게서 자신과 닮은 개체를 직접 보지 못하고 두 번째, 세 번째, 또는 네 번째 세대에서 그 유사성을 발견하게 된다"고 설명했다. 스텐스트루프가 보기에 한 세대는 "다음 세대의 동물이 더 높은 단계의 완성에 도달하도록 길을 준비하는" 역할을 한다. 그래서 이 세대는 유모(덴마크어로 Ammen)로 불린다. 이 현상을 단순한 이상 현상의 기록에서 벗어나게 해준 이가 바로 스텐스트루프다. 그는 괴테를 인용하며 "자연은 자신 나름의 길을 따라간다. 우리에게 예외처럼 보이는 것도 자연법칙 안에 있다"고 말했을 뿐 아니라 "우리가 지금까지 세대교번을 해석할 때, 그리고 세대교번이 드러나는 현상들을 볼 때 매우 그러했던 것처럼, 세대교번을 더 이상 역설적이거나 일탈적인 것으로 간주해서는 안 된다"는 점을 증명하려 애썼다.

1853년의 루돌프 로이카르트(Rudolf Leuckart)처럼 세대교번을 "여러 세대에 걸친 변태"로 해석한 다수의 자연학자와 달리, 스텐스트루프는 변태와 세대교번을 구별했다. 그리고 영국 생물학자 리처드 오언(Richard Owen) 이후로 "한 개체의 생애에서 완성되지 않고 일련의 개체들을 통해 이루어지는 변화 주기"를 "변태(métamorphose)"보다는 차라리 "진정세대교번(métagénèse)"이라 부르게 되었다. 오늘날에도 이 용어는 식물에서 일어나는 유성생식 단계인 반수체(半數體)와 무성생식 단계인 이배체(二倍體) 사이의 교번 현상을 설명하는 데 사용된다. 반면 동물의 경우에는 주로 무성생식을 하는 세대(단위생식 세대)와 유성생식을 하는 세대 사이의 교번을 설명하기 위해 '이형생식(hétérogamie)'이라는 용어를 더 자주 쓴다.

그렇다 해도 스텐스트루프는 이 현상에 대해 가장 심오한 고찰에 이른 인물이다. 그에 따르면 세대교번이 존재한다면 다음과 같은 이유 때문이다. "종은 번식 가능한 성숙한 개체와 그들의 발달만으로 완전히 표현될 수 없다. 그렇기에 그들을 보완하기 위해 한 세대 또는 여러 세대 앞선 개체가 필요하다." 일반적으로 자연에서 종은 개체를 통해 그리고 개체 발달 과정의 변태를 통해 나타나지만, 이 경우 "종을 대표한다고 하기에는 일종의 완전한 개체성을 결여한다"고 볼 수 있다. 종 개체성의 결핍인 것이다.

어떤 종은 변태를 해야만 한다. 왜냐하면 단 하나의 개체적 형태로는 결코 종을 온전히 담아낼 수 없기 때문이다. 결국 모든 종의 삶이란 끊임없이 이어지는 환생의 긴 연속이며, 이 환생들은 서로 나란히 존재한다. 즉, 종은 다양한 형태를 다른 형태 안에서 끊임없이 다시 태어나게 해야 한다. 그렇지만 우리가 거쳐 가는 어떤 형태도 하나의 종을 완벽하게 표현하지 못한다. 혹은 지나치게 표현한다. 우리는 늘 인간 이상이거나 이하다. 이와 같은 논리가 종과 그 종을 통해 흐르는 생명에도 적용된다. 어떠한 종도 생명의 본질을 온전히 담아낼 수 없으며, 생명의 힘과 개체성을 완전히 소진할 수 없다. 페터 슐레밀처럼 지구상의 생명은 자신의 그림자를 악마에게 양도했다. 생명은 머물 곳과 머물 형태를 바꿔가며 끝없이 여행해야 한다.

이주

행성적 이주

모든 메타모르포시스의 진정한 주체는 우리 행성이다. 모든 생명체는 지구의 몸을 재활용하는 존재일 뿐이며, 오랜 시간에 걸쳐 축적된 물질로 만들어진 패치워크와 같다. 우리를 통해, 우리각자 안에서 지구는 '나'라고 말할 수 있다. 지구의 생애는 멈출수 없는 거대한 변태 과정이다. 지구상의 모든 생명체가 이주를해야 한다는 사실로부터, 우리는 그 변태의 힘을 깨닫게 된다.

우리가 버스나 자동차, 비행기나 배 또는 기차 안에 있을 때를 떠올려보자. 그런데 이 운송체(지구)는 너무나 커서 형태가 어떤지 한계가 어딘지 조금도 알 수 없다.

우리는 너무 오랫동안 거기에 자리하고 있어서, 마치 우리가 늘 거기에 있었던 것처럼 언제 어떻게 탑승했는지조차 잊어버렸고, 심지어 왜 이 운송 수단을 탔는지도 모른다. 여행이 끝났을 때도 그 목적지를 모른다. 잊어버린 것이다.

이 배는 (마치 크루즈선처럼) 너무 많은 존재로 가득 차 있어서, 누가 조종하는지 알지 못하고, 심지어 누군가가 조종하는지 여부조차 모른다.

이 모든 것을 상상해보면, 우리가 세계에 존재한다는 것이 무엇을 의미하는지에 대해 매우 정확한 이미지를 갖게 될 것이다. 세계의 첫 번째 특징은 거대하게 펼쳐진 물질 덩어리라는 점이 아니다. 그렇다고 누구나 받아들이는 열린 공간도 아니다. 마찬가지로 세계는 서로 '다른' 객체와 주체들로 가득 차 있다는 사실로도 정의되지 않는다. 세계의 본질은 지식의 대상이라는, 아니 지식의 대상이 된다는 사실, 감각하고 사유하는 주체에 대립해 존재한다는 사실에 머물지 않는다.

세계는 무엇보다 먼저 하나의 **행성**이라는 사실로 정의된다. 다시 말해 세계는 불규칙하고 거의 영속하는 움직임을 특징으로 하는 몸 또는 몸들의 집합체다. 행성(planète)이라는 단어는 '방황하다'를 의미하는 그리스어 어근 planaomai에서 유래한다. 세계는 곧 변태하는 존재 그 자체다. 단순히 자기 몸의 한정된 일부나 주변부와 관련 있을지 모르는 변신의 극장을 뜻하는 것이 아니다. 세계는 **변태 자체와 그 움직임의 원인이자 형상이며 질료**다. 모든 것이 자신이 있는 곳에 머물 수 없고, 지금 그대로의 모습으로 남을 수도 없는 것은 바로 이러한 **행성적** 본성 때문이다. 우리를 둘러싼 모든 것을 살펴보자. 질감·형태·연식·점도는 별로 중요치 않다. 새·바람·강·건물·냄새·색깔, 그 모든 것이 움직이고 모든 것이 변한다. 우리가 깨닫지 못해도 모든 것은 자리를 바꾼다. 이 변신이 우리 눈에 보이지 않는다 해도 모든 것은 형태를 바꾼다. 행성으로 존재하는 현실로서의 세계는 **표류**하는 몸이다. 역으로, 표류는 하늘과 땅에 존재하는, 이 우주의 모든 몸이 지닌 첫 번째 속성이다. 표류는 단순히 공간 운동이 아니다. 즉, 이곳에서 저곳으로 자리를 옮기는 장소 이동으로 한정되지 않는다. 표류는 훨씬 더 내밀한 신체적 움직임으로, 지상의 존재들 각각의 생애에서 모든 단계에 작용한다. 성행위와 영양 섭취뿐만 아니라 상상력·언어·탄생·죽음은 모두 이 표류하는 운동의 형태이자 표현이다. 지구상에 존재하는 각 몸들이 변태의 주체인 것은 바로 가이아와 그 모든 자손의 **행성적** 본성 때문이다.

바로 이 행성적 본성─지구를 이루는 최소 입자의 존재를 정의하는 이 변태의 힘—에 의해 이질적인 객체들, 존재들, 양상들, 사건들로 이루어진 전체는 단일한 무언가를 형성하게 된다. 모든 것은 언젠가 다른 이의 자리를 차지하고, 모든 존재는 언젠가 다른 존재의 몸에 들어가거나 그 몸이 되어야 한다. 필연적으로 다른 이의 형태는 우리 형태가 될 것이다. 모든 것은 같은 몸, 같은 실체, 같은 자연에 참여한다. 이를 관통하는 변태 덕분에, 각각의 존재는 행성, 즉 세계가 된다. 표류는 변태하는 우주의 이름이자, 변태의 가장 본래적이고 기본적이며 광물적인 형태다.

모든 우주론, 모든 세계관—변태에 관한 모든 이론—은 이 행성적 차원에서 구축되어야 한다. 우주론은 행성학이 되어야 하며, 표류의 형이상학이 되어야 한다. 가이아의 자손으로서 모든 존재는 표류하며, 형태를 바꾸고, 집을 바꿔 이주한다. 세계는 모든 부분을 끊임없이 표류하도록 만든다. 생물이든 무생물이든, 돌·물·공기·불·코끼리·인간·떡갈나무·바이러스 등 모두가 움직여 자리를 바꾸도록, 그 자리에서 변태하도록, 변태를 통해 자신을 둘러싼 모든 것을 변형하도록 만든다. 이 표류는 언제 어디서든 발생하며, 여러 차원에서 일어난다. 즉, 표류는 여러 수준에서 동시에 일어나기에 그 결과 모든 것이, 문자 그대로 모든 것이 서로 다른 반대 방향의 궤적을 따라 표류한다.

첫 번째 차원은 가장 단순하고, 가장 흔하고, 가장 분명하나 지속적인 억압의 대상이기도 하다. 바로 지질학적 차원이다. 다른 모든 변형, 다른 모든 이주, 다른 모든 생명체의 이동 이전에 가장 본래의 것이며 보편적인 이주가 있다. 그것은 우리가 발을 딛고 있는 땅과 관련한 이주다. 이 공간은 문화적·심리적 퇴행의 기호로서 우리가 육지라 부르는 바로 그 공간이다.

1912년 독일의 한 기후학자는 지구상에 고정되고 안정된 것은 없음을 발견했다. 단단한 땅은 없다. 왜냐하면 땅의 모든 부분은 다른 곳으로 끌려가며, 현재 위치에서 멀어져가기 때문이다. 지구의 암석권은 대기권에서 일어나는 대기의 순환과 다를 바 없는 역동적인 움직임을 보인다. 땅과 하늘은 자기 변형 속에서 연결돼 있다. 알프레트 베게너(Alfred Wegener)는 '대륙 이동설'의 최초 이론가로서 지질학을 근본적으로 혁신했다. 그의 통찰이 오늘날 지질학에 미친 영향은 다윈이 생물학에 끼친 영향에 비견된다.

판구조론은 형식적 학문으로서 지리학의 해체다. 더 이상 땅도 없고, 고정되고 확정적인 형태도 없다. 모든 대륙은 움직이는 뗏목이며, 지구의 표면 위아래에서 모든 생명체를 이리저리 이동시키는 배들이다. 지구적 차원에서 볼 때, 생명체는 이주한다. 모든 생명체가 발을 딛고 있는 땅이 이동하기 때문이다. 그렇기에 이주민은 생명체의 일부에 불과하다고 생각할 수 없다. 땅 자체가 이주하며, 끊임없이 이주 중이다. 고향도 식민지도 없다. 오로지 서로 다른 배나 뗏목만 있을 뿐이다. 모든 대륙, 모든 육지(그리고 모든 바다)는 노아의 방주처럼 수많은 생명체를 원래의 위치에서 먼 곳으로 옮긴다. 단, 차이는 존재한다. 이 여행은 절대로 끝나지 않을 것이다. 왜냐하면 이 움직임은 홍수처럼 기후 상태로 인해 우발적으로 벌어진 사건에서 비롯된 것이 아니기 때문이다. 세계-내-존재의 조건은 이주다. 여기서 이주란 이곳에서 저곳으로 옮겨감이 아니라, 영구 운동의 형태, 즉 표류다. 판구조론, 즉 지구상의 모든 것이 떠다닌다는 관념은 행성 개념에 내포된 관념 자체를 보편화한다. 즉, 모든 것은 불규칙적인 연속 운동 중에 있는 물체라는 것이다. 지구상에 존재하는 각 물체는 지구 전체와 같은 지위와 역동성을 갖는다. 모든 생명체의 행성적 본성을 인정한다는 것은 모든 생명체가 가이아와 가장 근본적인 본성을 공유한다는 사실을 더욱 강조하는 것이다.

생명체에서 내밀하게 일어나는 사건인 변태는 지구라는 물체를 움직이고 형성하는 이 표류에서 비롯된 결과다. 반대로, 생명체의 변태는 행성의 삶을 방해하는 것이 아니라, 그 본질적인 역동성을 구성한다. 물질이 곧 행성이 될 수 있는 것은 변태를 통해서다. 영원한 표류 속에서.

우리의 표류는 다면적이다. 먼저 천문학적 관점에서 지구는 태양과 다른 행성들을 형성한 동일한 성운의 변태다. 하지만 또한 미시적 관점에서도 그렇다. 표류는 단지 지질학적이고 지리학적인 것일 뿐 아니라, 생물학적이고 생리학적이기도 하다. 더 정확히 말하면, 성관계와 진화뿐 아니라 영양 섭취 및 신진대사는 변태하는 행성의 삶의 움직임, 그 연장일 뿐이다. 우리는 표류하는 존재이며, 그럴 수밖에 없는 존재다. 우리는 모두 함께, 모든 부분이 계속해서 떨어져 나가고 충돌하는 거대한 초대륙, 초생명체이기 때문이다.

운송체 이론

행성적 조건은 개체가 지닌 특성이 아니다. 행성이라는 것은 항상 다른 무엇인가를, 다른 누군가를 위해 존재하는 것이다. 세상의 모든 객체는 다른 무엇인가의 행성이다. 모든 생명체는 다른 누군가의 행성이다. 지구는 우리 행성이다. 우리를 계속해서 다른 곳으로 데려가고 옮겨준다. 그런데 우리도 다른 많은 생명체의 행성이다. 우리 몸에 사는 박테리아나 균류, 바이러스에게는 그렇다. 우리는 또한 유전적 관점에서도 행성이다. 인간의 몸은 다른 시대, 다른 종, 다른 생명 형태에서 비롯한 유전자 코드 조각들의 집합체다. 나 자신도 내 어머니와 아버지의 유전자 코드의 행성이다. 이 유전자 코드는 내 부모 신체의 해부학적 공간을 넘어, 내 몸을 거쳐 표류한다. 이런 의미에서 유전학은 생명의 행성적 구조라 할 수 있다. 생각과 지식 또한 우리의 행성이다. 왜냐하면 그것들이 우리를 지탱하기 때문이다. 동시에 생각과 지식은 인간 행성의 거주자다. 왜냐하면 우리는 그것들을 어디든지 퍼뜨리기 때문이다.

더 일반적으로 말하자면, 다른 생명체들과 맺는 모든 관계는 이러한 행성의 모습을 재생산한다. 하나의 생명체가 다른 생명체를 위한 행성이 되며, 여러 다양한 이유로 상호 간에 행성이 된다. 변태의 관계는 이중의 의미에서 늘 행성적 관계다. 변태 과정은 한 대상을 세계로 변환하며, 각자가 서로의 행성이 되어주는 얽힌 관계를 형성한다. 이러한 행성적 존재의 관계적 차원을 우리는 운송체(véhicule)라고 부른다. 모든 것이 다른 무언가의 행성이라는 사실은 모든 것이 다른 무언가를 싣고 간다는 의미다. 우주, 세계 전체는 운송의 메타포, 운송 수단이다. 모든 것이 움직이며 모든 것이 자기 위에 다른 것을 싣고 있다. 세상이 곧 노아의 방주다. 세상에 존재하는 것은 자신 외의 다른 것을 나르고, 다른 것들에 의해 실려간다. 이렇게 표류의 형이상학

메타모르포시스

148

은 또한 운송의 형이상학이다. 이 두 용어의 차이는 여기에 있다. 표류가 몸의 내부에서 일어나는 운동을 말한다면, 운송은 각 행성이 단순히 움직이는 몸이 아니라 다른 몸들을 움직이게 하는 몸이라는 것이다.

이러한 의미에서 자동차·배·비행기는 세계-내-존재의 가장 기본적이고 전형적인 형태다. 생명체뿐만 아니라 모든 객체는 그것이 지탱하는 것을 다른 곳으로 옮기는 운송체인 것이다. 이러한 직관은 아주 오래된 이론인 플라톤의 오케마(ochema), 즉 운송체 개념에 기초한다. 이는 지상의 모든 존재 형태 및 영혼이라는 초지상적 형태가 지닐 수 있는 가능 조건이다. 여러 저작에서 플라톤은 영혼이 몸으로 내려오는 모든 형태의 육화에 동반되고, 육화를 가능케 하는 운송체에 대해 언급했다. 그중 하나가 《티마이오스》이며, 여기서 플라톤은 세상의 창조를 책임지는 위대한 장인이 인간 영혼 하나하나에 하나씩 별을 할당해주고, "마치 운송체에 올라탄 것처럼 그것들을 위로 들어올려 우주의 본성을 보여줄 것"이라 상상한다. 또 다른 곳에서는 영혼이 사후에 운송체를 통해 아케론(저승의 강)으로 돌아간다고 언급한다. 플라톤 학파는 이러한 일의 세부 사항에 대해 많은 생각을 했고, 그 '영혼의 전차'가 얼마나 여러 대 있을지 상상했다. 몸을 운송체로 생각할 때, 몸은 특정 장소나 공간 또는 물질의 일부에 지리적으로 또는 물리적으로 속해 있는 것으로 정의되지 않는다. 몸은 반대로 움직임을 가능케 한다. 몸은 공간·장소에서 벗어날 가능 조건, 아니 보다 정확히는 영구적 변형 원리다. 우리가 몸을 가지고 있는 이유는 지금 여기에 더 잘 붙어 있기 위해서가 아니라, 장소를 바꾸고 시간을 바꾸며, 공간을 바꾸고 형태를 바꾸며, 물질을 바꿀 수 있기 위해서인 것이다. 즉, 몸-운송체는 변태의 가능 조건이다. 다른 곳으로 갈 수 있게 하고, 다른 것이 될 수 있게 한다.

우리 몸은 그저 어떤 정체성과 형태를 실어 나르는 자동차·비행기·배에 불과하다. 그 자동차는 무수히 많은 수의 다른 개체들이 자기 정체성을 감싸는 껍질에서 벗어나 우리 안에서 살수 있게 한다. 그 비행기는 무한한 기억과 생각을 어디로든 갈수 있게, 장소와 물질을 가로지를 수 있게 한다. 세상의 이미지인 그 배는 세상의 본질을 변화시킨다. 모든 몸은 여행 중이다. 그래서 플라톤 철학의 전통에서 영혼은 사후에도 계속 여행하며, 영혼의 운송체, 영혼의 전차를 바꿔 탄다.

이것은 실체와 장소의 논리를 뒤집는 것이다. 기체(substrat)는 없으며, 다른 존재에 의지하는 것은 곧 여행이 시작된다는 뜻이다. 다른 삶으로 들어가는 것은 다른 곳으로 실려 간다는 뜻이다. 어떤 것으로 존재하기 위해서 모든 것은 다른 것의 행성이 되어야 한다. 모든 것은 다른 존재와 싣고 실리는 관계를 맺는다는 점을 받아들여야 한다. 한편으로, 세상과 맺는 관계는 늘 다른 몸에 의해 매개된다. 독자적인 존재, 무매개적 존재는 없다. 그리고 실재와의 직접적인 관계도 없다. 다른 한편으로, 한 몸의 일부가 된다는 것은 단지 하나의 몸에 섞이는 것이 아니라, 그 몸에 의해 무수히 많은 다른 몸으로, 다른 장소로 실려 간다는 의미다. 모든 몸은 통로다. 모든 몸은 무한한 다른 세상으로 들어가는 문이다.

거대한 방주

"모든 생물이 그 종류대로, 모든 가축이 그 종류대로, 땅 위를 기어다니는 모든 파충류가 그 종류대로, 모든 새가 그 종류대로, 모든 작은 새와 날개 달린 모든 것이 둘씩 방주로 들어갔다."(〈창세기〉 7장) 《구약성경》은 온 세상을 거대한 운송체로 생각하게 만들었다. 그러나 모든 것을 운송체 논리로 바라보면 전체를 공간 관점으로 생각하기가 불가능하다. 운송체가 존재한다면, 이는 특히 어느 통합된 장소에서 모든 존재가 안정된 관계를 구축할 수 있는 공유 공간, 공동의 집, 공동주거 장소가 존재하지 않기 때문이다. 우리는 계속 떠돌아다녀야 한다. 왜냐하면 모든 것이 다른 모든 것과 만날 수 있게 해주는 장소는 결코 존재할 수 없기 때문이다. 세상은 행성이다. 그렇기에 세상은 하나의 구체(球體)도 하나의 집도 아니다. 세상은 행성이다. 그렇기에 늘 다른 곳, 다른 모습이 있을 것이다. 이를 이해하기 위해서는 단순한 사고 실험만으로 충분하다.

지구상의 모든 종이 신의 명령이 아닌 자발적 의지로 한 장소에 모이는 모습을 상상해보자. 그들이 **함께, 나란히** 이 같은 공간을 향해 이동하는 모습을 상상해보자. 가장 멀리 떨어진 곳에서 오는 모습을 상상해보자. 걷고, 날고, 기어가는 모습을. 곤충과 새들, 바이러스와 박테리아, 모든 나무와 모든 식물이 몸을 뻗고 씨앗을 퍼뜨리는 모습을 상상해보자. 이 생명체들의 회합을 상상해보자. 생명의 공동체를. 모든 생명체가 실제로 보고 느끼는 만남으로서의 생명을.

이 장소를 상상해보자. 어떠한 공간이 이 모든 생명체를 수용할 수 있을까? 인간에게만 열려 있는 곳이 아니라 모든 종에게 열려 있는 이런 일종의 천국을 어떻게 생각할 수 있을까? 모든 살아있는 것이 응집할 수 있는 장소를 어떻게 생각할 수 있을까? 그 끝은 어디일까? 이 절대적 풍경을 생각하려면 모든 존재가 상호 인접 관계로만 국한되지 않는다는 것을 염두에 두어야 한다. 또한 모든 것이 같은 장소에 있기 위해서는 각자가 서로에게서, 서로와 함께, 서로 안에서 존재할 수 있어야 한다.

이 절대적 풍경, 모든 생명체를 아우르는 풍경은 결국 종과 종을, 몸과 몸을 가르는 경계가 된다. 그것은 하나의 문턱이다. 이 풍경 속에서 모든 피부, 모든 외피는 각 종이 다른 종으로 변할 수 있도록 하는 통로이며, 이를 통해 모든 몸은 다른 몸이 될 수 있다. 이곳에서는 어떠한 생명체라도 타자의 삶을 살아갈 수 있을 것이다.

이 절대적 풍경은 지구의 특정 장소에 해당하지 않으며, 또 그럴 수도 없다. 또 다른 곳에는 늘 또 다른 생명체들이 있을 것이기 때문이다. 가이아의 또 다른 부분이 있을 것이고, 그 부분들이 지구 전체를 대표할 수는 없다. 또한 이 절대적 풍경은 지구 전체와 일치할 수도 없다. 지구는 너무나 커서 모두가 서로를 보고, 서로의 숨결을 나누며 살아갈 수 없다. 이러한 이유로 생명체들은 다른 방식으로 모임을 구성하기 시작했다. 한 공간에 생명체들을 모으는 대신 모임을 분산하고, 절대적 풍경을 모든 생명체의 몸 전체에 배치하는 방법을 상상해냈다. 각각의 생명체는 이 새로운 노아의 방주의 내적인 힘을 구성해, 다른 생명체를 자신의 몸 안에서 만날 수 있게 한다. 우리 각자는 여러 종의 물리적 만남이며, 우리가 속해 있다고 생각하는 종보다 훨씬 더 많은 종을 늘 운반하는 작은 동물원이다. 생명은 각 생명체를 무수한 생물과 무생물의 방주로 만들었다. 모두가 풍경이 된다.

이러한 방주의 존재를 실현하고자, 그리고 가장 작은 생명체부터 가장 거대한 생명체까지 모든 생명체의 몸에 알맞도록, 생명은 우리가 알고 있는 바로 그 형태를 갖추었다. 예를 들어, 탄생과 죽음은 각각의 존재가 방주가 될 수 있게 하려는 것이다. 태어남은 항상 다른 몸의 생명 안으로 들어가 아홉 달 동안 거기에 실린 다음, 그 몸의 유전적 동일성, 그 숨결, 그 기억의 방주, 운반체가 되어 나머지 생을 살아간다는 의미다.

진화 또한 모든 종을 이동식 노아의 방주로 구조화하는 방식으로 볼 수 있다. 한 종을 세계 속에 들인다. 이는 곧 그 종을 운반하는 다른 종이 결국 그 종의 방주가 된다는 것이다. 이처럼 우리 인간은 원숭이라는 방주를 통해 가이아에 들어왔다. 영장류는 우리의 방주였고, 이제는 우리가 그들의 방주다.

생명은 어떤 몸들에만 해당하는 성질이 아니다. 생명은 무언가를 실어 나르는 물질의 본성, 이 세계의 행성적 구조에 따른 결과일 뿐이다. 몸들이 서로의 운송체이자 방주, 행성이 되는 곳에서만 생명이 존재한다. (우리의 세계인) 바로 이 세계에서 공간은 절대로 순전히 무엇의 연장(extension)일 리 없다. 공간이란 절대로 주어진 무엇으로 나타나지 않기 때문이다. 공간은 없다.

여정만 있을 뿐이다. 생명만 있을 뿐이다.

　우리는 각 생명체 속에서 고대의 방주를 볼 줄 알아야 할 것이다. 이 방주는 단지 지리의 차원이 아니라, 행성과 우주의 역사를 가로지른다. 뚜렷한 경계들을 모두 가로지른다. 생명체와 비생명체를 구분하는 듯한 경계, 우리가 물질과 정신 사이에, 또는 개인·종·장소·시대 사이에 있다고 추측하는 경계를 가로지른다.

　방주는 세계에 선행하는 것이 아니라, 반대로 세계를 만들고 엮고 구현한다. 이 방주가 하나의 방주에서 시작해 기원을 찾을 수 없을 정도로 확장된 것인지, 아니면 여러 방주가 서로 얽혀 하나가 된 것인지는 절대로 알 수 없을 것이다.

　이렇게 서로 얽혀 있기에 방주는 지구상 가장 멀리 떨어져 있는 장소들을 공존하게 할 뿐만 아니라, 양립할 수 없는 동떨어진 시간 또는 전혀 혈연관계로 얽혀 있지 않은 생명의 형태들을 공존하게 만든다. 지구상의 생명체 각각이 자신의 몸에 선사시대의 요소와 현대적 요소를 담아 실어 나르는 것은 바로 이 방주들 때문이다. 갓 태어난 존재, 그러니까 인간이든 고래든, 잠자리든 떡갈나무든 이제 막 태어나 아직 눈도 뜨지 못한 생명체는 모든 생명 형태가 나타나기도 전에 이 지구상에 머물던 물질로 이루어져 있다. 그 몸은 종이나 가족보다도 더 오래된 것이나, 실제 존재의 훨씬 나중 시점에 우주의 역사를 영원히 바꿀 수 있을지도 모른다. 엄밀히 말해 그 몸에 생명을 준 것 가운데 어떤 것도 그 몸이 태어난 곳에서 온 것이 아니다. 그 몸을 이루고 있는 원자들은 수천 년에 걸쳐 우주를 가로질러 왔고, 더 이상 존재하지 않는 곳에서 온 것이다. 그리고 아마도 아직 생겨나지도 않은 곳으로 향할 것이다. 생명체에서 토착적인 것은 아무 것도 없다. 이 세계의 물질 가운데 절대적으로 토착적인 것은 아무것도 없다.

그리고 이 방주는 우주의 역사와 지리를 분명히 기술하는 기록들과 지도들을 끊임없이 뒤죽박죽으로 만들어버린다. 방주는 항상 앞서 있거나 뒤따라온다. 절대 한곳에 머물지 않는다. 방주로 인해 시간을 동기화할 수도, 장소를 봉쇄하고 고립시킬 수도 없다. 방주로 인해 모든 존재의 정체성을 정의하는 데 있어 과거의 역사가 미래보다 더 중요한 역할을 한다고 가정할 수도 없다. 방주로 인해 우리의 어린 시절과 세계의 어린 시절을 구별하는 것조차 불가능하다.

우리는 우주의 어린 시절을 우리 안에 지니고 있다. 보다 정확히 말하자면, 우리는 이 행성과 이 행성을 둘러싼 모든 것을 이루는 물질의 가장 작은 부분과 우리의 어린 시절을 공유하고 있다. 우리는 현재와 미래의 모든 생명체와 우리의 숨을 나눈다.

우리 안에 숨쉬고 있는 것은 바로 가이아인 것이다. 새로 탄생한 존재의 모든 숨결은 또 한 번 공유를 만들어내고, 더욱 공통의 몸을 만들어낸다. 우리는 다시금 행성 전체의 몸을 뒤섞고 다양한 형태들 간의 새로운 결속을 형성한다. 각 생명체는 하나의 작은 레비아탄(micro-Léviathan)으로, 아주 이질적이고 다양한 몸들을 각기 다른 방식으로 결합한 존재다.

　이 고대성과 생명력이 단지 이점만은 아니다. 그것은 모든 형태가 지닌 연약함의 흔적이자 실체이기도 하다. 존재하는 모든 것은 자신의 피부와 얼굴을 바꿀 필요성을 간직하며, 자기 안에 갇힌 경계를 넘어서는 생명력을 지닌다. 연약함, 필멸, 취약함으로 우리가 잘못 생각하는 것은 모든 생명 사이의 개방성과 연속성의 또 다른 면일 뿐이다. 우리 각자는 자신이 머무는 몸에 완전히 전유되지 않는 생명을 지니고 있다. 그 생명은 다른 몸으로 변할 순간만을 기다린다. 모든 것을 먹어치우는 혼종적인 고대의 숨결은 이미 다른 곳으로 이동 중이다. 그리고 더 일반적으로 필멸은 모든 생명의 중심에, 이러저러한 몸에만 숨을 불어넣을 필요가 전혀 없는 가이아의 광물이 있다는 명백한 증거일 뿐이다. 형태와 무관하며 어떤 형태에도 사용될 수 있는 광물 말이다. 모든 생명이 제 품속에서 부드럽게 만든 이 광물의 내장은 다시 암석으로 돌아가고자 끓어오른다. 변태는 불멸의 운명을

4 이주

지니지 않았다. 행성도 마찬가지다.

모두가 집으로

이러한 운송성으로부터 우리는 우리 존재 전체를 설명하고 생각해야 할 것이다. 그러나 우리는 운송체를 두려워한다. 우리는 방주를 무서워한다. 우리는 여정을 불안해한다. 그럼에도 불구하고 우리는 집에 대한 집착에서 벗어나지도 못한다. 우리는 잘 정돈되고 깨끗하며 우리 것인 공간, 남의 것이 아닌 오로지 우리만의 공간을 여전히 사랑한다. 우리는 명확한 경계, 내부 공간과 외부 공간의 구분을 여전히 사랑한다. 우리는 햇빛·바람·비에 노출된 바깥세상보다 여전히 내부, 동굴, 땅 깊숙한 곳을 더 선호한다. 집은 경계의 원형이다. 집이 우리가 쌓아올리고, 사용하고, 거주하는 첫 번째 벽이기 때문만은 아니다. 우리가 집을 통해 인간성을 가까운 것, 친밀한 것, 분리할 수 없는 것과 그 나머지로 나누기 때문이기도 하다. 집 덕분에 나와 네가 존재하며, 집을 통해 나는 더 이상 어떤 '타인들'과 나를 분리하지 않고, 이들과 결합해 가족이 된다. 우리는 집을 떠나지 못하고, 공간에 대한 **자연적** 관계, 즉 직접적이며 본래적인 관계, 인공적이지 않고 우발적이지 않은 관계가 있을 것이라는 생각을 버리지 못한다. 우리가 위험에 노출되지 않고, 당연히 보호받으며, 우리가 **당연히** 우리 자신인 장소가 있다는 생각에서 결코 벗어나지 못할 것이다.

이 집에 대한 집착은 생각보다 훨씬 더 근원적인 것이다. 그 집착은 (우리 각자가 집을 가질 권리가 있으며) 도시는 단지 집들의 집합일 뿐이라 주장하는 정치적 경험을 단순히 구체화한 것이 아니다. 우리가 사물을 경험하는 방식(이른바 '경제'가 개인과 집을 일치시키려는 시도일 뿐이라는 점)을 단순히 구체화한 것도 아니다. 이 집착은 무엇보다 살아있는 존재들 사이의 관계, 살아있는 존재들과 그들을 둘러싼 공간이 맺는 관계에 대한 우리의 사고방식을 규정한다. 실제로 생태학은 전반적으로 이 관념에 기반을 두며, 적어도 이 관념 위에서 형성되었다고 할 수 있다. 생명체에 대한 모든 성찰은 자연을 친절하게 우리를 받아주는 거대한 **집**으로, 오로지 형제자매와 아버지, 일가친척만 있을 뿐 절대로 진짜 이방인은 있을 수 없는 한 **가족**으로 여기는 완전히 유아적인 향수에서 벗어나지 못하는 것 같다. 모든 생태학은 방주를 불가능하게 만드는 의지, 어디서나 운송체의 반대인 집의 형태를 인식하고 재현하려는 의지다. 이러한 편애는 이미 생태학 (écologie)이라는 **이름** 자체에서 드러난다.

4 이주

이 용어는 에른스트 헤켈이 1866년에 발표한 생물체의 일반 형태에 관한 논문에서 처음 등장했는데, 이전 용어인(적어도 한 세기는 더 된) '자연경제학(économie de la nature)'을 바꾸어 부른 것이다. 헤켈은 이렇게 썼다. "생태학은 자연경제학 또는 교과서에도 등장하지 않는 생리학의 한 분과로, 유기체들 간의 상호 관계, 유기체와 환경의 상호 관계에 대한 생리학이다." 그러나 생태학은 이러한 관계들을 단순히 생물학적 사실(개체의 신진대사의 단순 확장), 물리학적 사실(순수한 열역학 메커니즘), 화학적 사실(단순한 분자적 균형)로 환원할 수 없는 것으로 고려하는 한에서만, 생물학·물리학·화학·지질학 같은 다른 학문 분과나 현실에 대한 다른 관점들과 독립적으로 형성될 수 있다. 이 관계들이 기존과는 다른 독자적인, 새로운 과학의 대상이 되기 위해서는 그것들이 다른 본성에 속하는 것이어야만 한다. 다양한 생물종들 사이에, 이 종들과 그들의 고유한 세계 사이에 성립하는 이 관계는 순전히 생물학적·화학적·지질학적·물리학적 관계가 아니라 사회적 성격을 띤다. 생태학은 비인간 사회의 이론 혹인 비인간 존재들이 무생물 자연 세계와 맺는 사회적 관계에 대한 이론으로서 태동한 것이다. 1930년대에 프레더릭 클레멘츠(Frederic Clements)와 빅터 셸퍼드(Victor Shelford)가 말했듯 "생태학은 넓은 의미에서 공동체적 개체군을 다루는 과학"이다. 생태학의 문제는 처음부터 비인간 사회성의 특수성에 관한 것이었으나 이 사회성은 늘 인간의 집(가정)을 본보기로 삼았다. 이 특징은 이미 헤켈에게서 분명히 드러난다. 헤켈에 따르면, 생태학이 가능한 것은 "어떠한 종이든 유기체의 생존 조건이 제한돼 있다"는 점 때문이다. 이 제한은 두 가지로 나뉜다. 첫 번째는 지리적 제한이다. "어느 누구도 지구상의 아무 곳에서나 살 수 없기 때문"이다. 모두가 지구의 일부분에 모여 있고, 심지어 대다수가 매우 제한된 공간에 머문다. 이 한계는 유기체들 간의 상호 관계에서 비롯된다. 왜냐하면 "유기체의 각 종은 동일한 장소에 사는, 그들에게 해롭거나 무관심하거나 유용할 수 있는 다른 많은 유기체에 의존하기 때문"이다. 그러나 희소성은 정량적으로 입증된 명백한 사실이라기보다는 하나의 가능 조건이다. 따라서 각 동물이나 생명체가 자원에 접근하는 것은 다른 비인간 개체에 의해 사회적으로 매개된다. 생태학은 존재 조건의 희소성에 대해 성찰할 수밖에 없으며, 이를 통해 환경과의 관계를 순수하게 화학적이거나 열역학적인 것이 아니라 본성상 사회적인 것으로 생각할 수 있다. 자원이 희소할 때에만 비로소 경쟁을 이야기할 수 있기 때문이다. 사실 이 한계들의 총체가 그 상호 관계의 총체를 "가정(Haushalt, 家庭)"으로 간주해야 한다는 생각을 정당화한다. 자연은 이 용어의 고대적 의미에서 하나의 경제이며, 여기서 각 사물과 각 개체는 저마다 의미와 기능을 가져야 한다. 모든 것이 유용성의 관계에 따라 정의되는 것이다. 생물학적 세계는 인간 사이의 근본적인 사회적 질서, 즉 집(가정)을 닮은 구조를 지닌다. 레비스트로스의 유명한 정의에 따르면, 토테미즘은 "자연종들이 구성하는 사회와 사회적 집단으로 이루어진 세계 사이에 논리적 동등성을 제시"하며, 따라서 "자연적 구분과 사회적 구분은 상동적이고 …… 한 질서 안에서 이루어진 구분을 채택한다면, 그것은 다른 질서 안에서 그에 상응하는 구분을 받아들인다는 의미다". 만일 토테미즘이 그러한 것이라면, 생태학은 그 이름부터 이미 일종의 반(反)토테미즘이라 할 수 있다. 비인간 존재의 모든 구조가 가정이라는 인간 사회의 기본 단위로 구성됨을 증명해야 하기 때문이다. 우리는 식물과 동물에게 우리 경험에서 비롯한 사회성을 자주 투영하는 경향이 있다. 생태학은 비인간의 사회성을 다루는 미완의 학문으로 태동했는지 모른다. 생태학이 가정의 패러다임을 넘어서서 사유하는 데 이르지 못했기 때문에 미완이라는 것이다. 완전히 자각한 상태로 그러한 것은 아니지만, 생태학은 그 일반적인 구조나 방향성, 근본 개념들 속에서 비인간 생명체를 가정의 경계 내에서 상상하도록 한 이상한 초대였다. 모두가 집에 있고, 죽을 때까지 그곳에 머물러야 한다. 만일 누군가가 자기 집(생태계) 밖으로 나간다면, 그것은 낯선 영토에 침입하는 것, 어떤 균형을 깨트리는 것일 수 있다. 생태학은 생명체들 간의 관계를 문제삼는 과정에서 도시 밖, 이른바 '야생' 공간에 매우 부르주아적이고, 매우 19세기적인 삶의 질서를 투영했다. 우리는 집에 머물러 있고, 나가서는 안 된다. 그리고 공간은 소유와 위생에 관한 기준으로 규정된다. 비인간 존재를 지키려 하면서도 생태학은 세계를 인류화하고 비인간 존재를 인간화하는 데 가장 큰 역할을 한 동인 중 하나였다. 그 덕분에 세상은 모든 생명체가 자신에게 부과된 경계를 친절히 존중하는, 거대한 슈레버(Schreber)의 정원*과 비슷해진다.

집 안에 갇힌 비인간

현대 생태학이 생명의 형태와 그들이 점유한 영역 사이의 관계를 철저히 가정적이고 집 안에 틀어박힌 관계에 비유한 것은 아니다. 생태학은 이를 무의식적으로 구현한 것이고, 생태학보다

---

* 독일에서 슈레버가르텐(Schrebergarten)이라 불리는 일종의 주말농장으로, 도시 근교에 작은 정원들을 구획해 운영한다. 어린이와 청소년의 신체적·도덕적 교육을 강조한 의사이자 교육자 다니엘 고틀로프 모리츠 슈레버(Daniel Gottlob Moritz Schreber)의 이름에서 유래한다.

앞섰던 학문 분과도 있었다. 바로 자연경제학이다. 이 학문의 첫 번째 역사적 증거는 1749년 린네의 제자인 이사크 비베리(Isaak Biberg)가 쓴 박사학위 논문이다. 그에 따르면, 자연경제학이란 "최고의 창조주가 정한 매우 지혜로운 배치(disposition)로, 자연적 존재들이 공통 목적을 향해 나아가며 서로에게 상호적 기능을 수행하는 방식"을 의미한다. 여기서 배치는 린네가 다른 글에서 인정했듯, 신학에서 신의 섭리를 가리킬 때 사용하던 기술적 용어다. 이 교리는 모든 존재가 세계라는 커다란 집 안에 자기 자리를 갖고 있으며, 그 자리는 대가족의 수장인 신이 부여한 것이라고 명시한다.

이러한 관점에서 자연경제학은 기독교 신학의 한 분과다. 신과 생명체 사이의 관계에 대해 궁리하는 학문인 것이다. 아니, 창조주가 내린 주권적 결정에 기초해 모든 생명체가 서로 간의 관계에 대해, 물질세계와 맺는 관계에 대해 탐구하는 학문이라고 하는 편이 맞겠다. 이는 우연이 아니다. 종들이 서로 계보학적 관계를 맺지 않는 고정론적 세계에서, 결코 만나지 못할 아메리카의 말과 유럽의 개가 상호 관계를 가질 수 있다고 생각하려면 그들의 창조주 입장에서 생각할 수밖에 없다.

오직 창조주의 관점에서만 자연 세계는 **사회**로, 순전히 물질적이지 않은 논리를 따르는 행위자들의 질서로 나타나고 또 나타날 수 있다. 또한 생명체들 간의 상호 관계—즉, 비인간 사회—는 오직 창조주의 관점에서만 논할 수 있기 때문에, 이 사회가 무엇인지를 사유하는 모델은 집일 수밖에 없다. 사실 여기서 고대의 의미로 이해해야 하는 '경제'는 정치학과 대립하는 개념으로서 본래 집, 즉 오이코스(oikos)와 가정의 학문을 뜻한다. 고대에는 경제를 정치와 상반된 것으로 인식했다. 즉, 집의 가정 영역은 도시와 국가의 영역과 대립되었다. 이 대립은 먼저 연대기적인 사안이었다가, 나중에 위계적인 것이 되었다. 가정은 국가에 앞서 존재한다. 왜냐하면 가정은 생물학적 존속과 관련한 집합체이지, 정신적 삶에 속하는 것이 아니기 때문이다. 가정은 폴리스(polis)보다 자연적인 공동체다. 가정은 정부가 없는 공간이라서가 아니라 정부의 다른 형태이기에 도시국가와 대비된다. 아리스토텔레스가 말했듯, "정치는 다수 지도자의 일이고, 경제는 한 사람의 일이다". 게다가 정치는 자율성에 기반하며 시민의 자유를 목표로 삼았던 반면, 고대의 모든 가정은 노예제를 전제로 했고, 가정 내 구성원은 아버지 권력에 대해 실질적인 자유를 누리지 못했다. 실제로 가정에서는 사물과 사람을 동급으로 여겼다(아리스토텔레스가 노예를 '살아있는 도구'로 정의한 것이 그 증거다). 도시국가에서는 지도자의 권력이 오로지 인간에게만 행사되었던 데 반해, 가정에서는 아버지의 권력이 무엇보다 사물들에도 영향을 미쳤다. 모든 정치 경험의 축이 자유라면, 가정에서 일어나는 일의 근간은 질서와 효용이다. 각자 자기 위치가 있고, 각각의 사물은 저마다의 효용과 기능이 있다.

그렇지만 이러한 경제적 관점에서 자연을 생각한다는 것은, 각 생명체가 자신의 자리·기능·역할을 지니며, 신비롭게도 모든 자연적 존재자들이 조화를 이루도록 하는, 결코 의심할 수 없는 초월적 통일체가 있다고 상상하는 것이다. 경제에 관한 한 가장 오래된 이론가의 한 사람인 크세노폰은 이렇게 말했다. 경제란 "우리에게 인간이 자신의 집을 확장할 수 있게 해주는 학문으로 보였다. 집이란 우리가 소유한 모든 것을 의미하며, 소유란 각자의 생계를 유지하는 데 유리하고 유용한 것을 뜻한다. 그리고 결국 우리는 그 유용함이란 모든 것을 제대로 사용할 줄 아는 것임을 알게 되었다".

기독교의 맥락에서 신은 단순히 왕이나 주군이 아니라 세상의 창조주다. 그는 세상과 그 안의 모든 생명체에 권능을 행사할 수 있는데, 그가 모든 존재의 아버지이기 때문이다. 신과 세상의 관계는 가장이 자신의 가정과 맺는 관계와 같다. 신이 세상을 향해 가지는 권능은 가장의 통치와 같다. 즉, 경제적 권력이다. 세상의 모든 것은 집의 일부로 여겨야 한다. 왜냐하면 오직 이 질서 안에서만 모든 것이 자신의 기능을 획득하기 때문이다. 자연 세계는 하나의 거대한 집, 정치의 장소가 아닌 가정 공간이다. 그 안에서는 각자가 차지해야 할 자리를 자율적으로 선택할 수 없으며, 그에 대한 협상도 불가능하다. 모든 존재는 할당된 역할과 기능을 부여받는다. 이렇게 비인간 집단이 질서와 효용의 논리에 따라 구성된다고 생각할 때마다(자연을 협상이나 우연성이 없는 공간, 즉 거대한 집으로 생각할 때마다), 이는 단순한 관찰이 아니라 생태학적 인식을 낳은 오래된 반(反)토테미즘 행위를 반복하는 것이다.

생태학이 비인간 영역을 순전히 전승의 관점에서 사유하는 것 또한 순전히 가정에 기반한 사회학적 패러다임 때문이다. 크세노폰은 "한 남자의 집은 곧 소유물과 마찬가지"라고 썼다. 그리고 세상에서 신의 '경제적' 통치는 비인간 존재들을 전적으로 그들의 효용으로 정의해 재화의 집합으로 만든다.

그러므로 생태학과 상업적 경제가 동일한 인식론적 틀과 동일한 언어를 공유한다는 사실은 바로 이러한 기원에서 비롯된 결과로, 결코 우연이 아니다. 린네의 한 제자는 재화의 경제와 비인간 경제를 이렇게 비교한다. "우리 지구에는 정말로 놀라운 경제가 세워져 있다. ……이는 모든 것이 사슬처럼 차례로 이어지도록 하기 위해서다. 실제로 가정 경제에서 쟁기·울타리·거름더미는 음식이나 약으로 적합하지 않지만 매우 큰 효용을 지닌다. 이처럼 자연경제에도 직접적으로는 유용하지 않지만 간접적으로는 매우 큰 효용을 지닌 많은 것이 준비돼 있다. 인간은 자신들이 생각해낼 수 있었던 가장 위대한 발명 중 하나로 경제를 꼽는다. 하지만 나는 네가 생각해보길 바란다. 가장 지혜로운 존재가 세워놓은 경제가 얼마나 놀라운 것인지를." 자연경제학을 정립한 같은 논문에서, 이사크 비베리는 자연적 질서를 구성하는 보이지 않는 손에 대해 언급한다. "자연적인 것들이 끊임없이 이어져 존속할 수 있도록, 지고하신 정신은 지혜롭게 …… 모든 자연 존재가 차례로 서로에게 도움의 손길을 내밀도록 해 어떤 종이든 보전될 수 있도록 명령을 내렸다." 적어도 인식론적 관점에서 보면, 생태학과 자본주의는 형제와 같다. 그들은 같은 계열에 속하며 비슷한 이익을 옹호한다.

내부의 질서를 추구하는 것, 즉 조화와 상호 효용의 형태로 정의된 질서를 세우려는 것은 생태학의 초기 문헌들이 오래도록 두려워하면서도 반복해 제시했던 어떤 사실에 대한 응답이다. 그 명백한 사실은 전쟁이 비인간으로 구성된 사회의 기본 형태라는 것이다. 린네의 또 다른 제자 다니엘 빌케(Daniel Wilcke)는 이렇게 썼다. "누군가 모든 감각을 주의 깊게 열어 층층이 펼쳐진 지구를 마치 새로운 거처처럼 바라본다면, 그는 무수히 다양한 식물로 뒤덮인 하늘을 보게 될 것이다. 매우 혼란스럽게 서로 뒤엉켜 있고, 벌레·곤충·물고기·양서류·조류·포유류에게 학대받아 깊은 연민을 불러일으키는 식물들로 뒤덮인 하늘을. 그는 이 생명체들이 가장 아름다운 꽃들도 먹어 치울 뿐만 아니라, 놀라울 정도의 폭력을 행사해 서로를 무자비하게 죽이는 모습을 보게 될 것이다. 요컨대 만인에 대한 만인의 투쟁 말고는 다른 것을 목격할 수 없을 것이며, 동시에 자신이 대다수 폭력에 무력하게 노출돼 있음을 깨달을 것이다. 불안과 불확실 속에서 그는 피난처를 찾는 데 어려움을 겪거나 심지어 불가능하다고 느낄 것이다. 이 세상에서 꽤 오랜 시간을 보낸 후, 그는 점차 이 세상의 기본 질서를 식별할 것이며, 마침내 극도의 혼란이 너무나도 현저한 질서로 나타나, 놀라움을 금치 못하고 신의 작품에서 시작과 끝을 찾는 것이 어렵거나 심지어 무의미함을 깨달을 것이다. 모든 것이 결국엔 순환 운동 속에 있기 때문이다." 비인간 존재들 간의 상호 관계는 폭력의 **극치**인 것 같다. 종의 물리적 균형을 끊임없이 위협하는 만인에 대한 만인의 투쟁(물론 이 이미지는 토머스 홉스에 기원을 둔다)인 것이다. 자연을 하나의 가정으로 생각하려는 것은 정확히 이 폭력을 부정하거나, 더 나아가 억압하기 위한 것이다. 그리고 이 폭력을 숨겨진 합리성, 즉 평화와 조화, 국지적 피해와 보편적 유용성의 결합으로 이루어진 더 큰 합리성 안에 다시 통합하려는 것이다. 바로 이 '보이지 않는 손'

과 경제 덕분에, 전쟁에 직면했을 때 인간들 사이에 맺어지는 협정이나 계약이 비인간들에게는 필요하지 않다. 비인간은 자신이 지닌 존재론적 지위에 따라 존중해야 하는 가정적 질서 속에서 각자 자기 역할을 맡고 있다. 그렇기 때문에 지구를 집으로 생각한다는 것, 즉 문자 그대로 **생태적으로** 사유한다는 것은 어떠한 모습의 지구적 정치도 불가능하게 만든다는 뜻이다. 세계에 대한 생태적 통치를 생각한다는 것은 곧 비인간 존재들 간의 상호 관계가 결코 협상이나 자발적이고 우연한 결정의 결과가 아니라고 생각하는 것이다.

이러한 사고의 틀은 다윈의 진화 이론을 온전히 이해하는 데 도움을 준다. 그러나 다윈이 이룬 가장 획기적인 발상의 전환은 (이미 18세기에 폭넓은 지지를 얻었고 라마르크가 이어받았던) 종의 변형에 대한 확언에만 있는 것이 아니다. 종의 변형이 생태학적 현상, 다시 말해 사회적 현상이라고 본 것에 더욱 주목해야 한다. 다윈은 각 종의 유전적·형태적 운명은 순전히 화학적 또는 지질학적 균형의 산물이 아니라, 매우 독특한 형태의 사회성, 즉 경쟁과 전쟁에 기반한 사회적 현상의 결과라고 주장했다. 그는 전체의 공리라는 숨겨진 논리로 자연에서 전쟁을 제거하는 대신에, 만인에 대한 만인의 투쟁을 모든 비인간 존재가 참여하는 사회적 활동으로 보고, 이를 통해 자연이 부분적 또는 전체적 차원에서 효용을 산출한다고 해석했다. 전쟁은 비인간 사회가 개선되고 확장될 수 있도록 해주는 사회적 연결인 것이다. 이처럼 전면적 전쟁 속에서 생명의 계보학은 가정의 도구, 즉 국지적 차원에서든 세계적 차원에서든 효용을 창출하는 기계가 된다. 인간은 인위적 선택(자연을 상대로 벌이는 전쟁)을 통해 효용을 획득할 수 있지만, 무엇보다도 자연선택 덕분에 생명체의 상호작용이 한계 효용을 만들어내고, 또 이것이 종의 개선을 가능케 하며, 다른 생명체들의 효용을 증진한다. 다윈의 이론은 자연경제학과 그 신학적 전제들의 해체와 승리를 동시에 나타낸다. 개인들과 종들 간의 전쟁과 경쟁은 내적 질서를 창조하는 데 기여한다. 전쟁은 그 거대한 '집'을 이전보다 더 강력하게 만드는 하나의 책략일 뿐이다.

바로 그러한 집들에 맞서, 변태(메타모르포시스)가 힘을 발휘한다.

침입

지구라는 행성은 단지 변태 중인 생명, 살아있는 모든 것의 표류일 뿐이다. 모든 것은 자리를 바꿔야 하며, 각 공간은 그 내용물을 바꿔야 한다. 그것이 지구의 본성이다. 생태학은 불가능하다. 아무것도 영원히 제자리에 머물 수 없기 때문이다. 존재하는 것들은 결코 자기 집을 갖지 않으며, 어떠한 자리도 결코 한 개체만 소유하는 집일 수 없는 것이다.

생명체와 장소의 연관성을 토착성의 관점에서만 생각할 수 없음을 깨달은 이는 식물지리학의 창시자 중 한 사람인 앙리 르코크(Henri Lecoq)다. 1854년 출간한 기념비적 저서 《유럽 식물지리학 연구》에서 그는 "식물의 **사회성**에 견주어 동종 개체들 간 혹은 이종(異種) 개체들 간의 결합을 연구하는 것은 곧 이주(migration) 및 식민화(colonisation) 현상을 연구하는 것"과 다름없다고 주장했다.

르코크는 이렇게 썼다. "실제로 식물군이 어느 한 나라에만 속하는 경우는 드물다. 식물은 서식하는 땅에서 본래 유래한 식물이거나, 다양한 방법으로 이식되고 정착된 종들이다." 식물학이 태동한 초기부터, 식물학만이 지닌 일종의 역(逆)토테미즘 속에서 "각 종의 확산 범위를 연구하는 것"은 르코크에게 있어 "그들의 진짜 고향을 발견하는 것이자 그들의 이주와 전투, 식민화 과정을 밝혀내는 것"을 뜻한다. 그리고 동시에 "이 외래 식물 군집이 우리의 평원과 산맥을 어떻게 하나하나 침투해 들어오는지 추적하는 일"이기도 하다. "역사가들이 우리 기원을 찾기 위해 오래전 야생 집단을 거슬러올라가듯, 나는 이들의 흔적을 따라가려고 노력했다. 그 야생 집단은 먼 옛날 우리의 오래된 유럽에 몰려들었고, 패배하고 굴복한 주민과 그들의 강인한 혈통을 섞었으며, 그들의 유산을 차지하려 했다". 사회화되기 위해 이주해야 했고, 살 곳을 옮겨 그곳 자체를 탈바꿈시켜야 했다. 여행을 떠나지 않은 채 산다는 것은, 즉 생명체들을 만난다는 것은 불가능하다. 심지어 우리가 안정성의 전형으로 여겨온 존재들조차 이주자였다. 이후에 질 클레망(Gilles Clément)•과 스테파노 만쿠소(Stefano Mancuso)••도 이 같은 주장을 반복한다.

모든 생명체는 공간과 관계 맺으며 자기 자신을 탈바꿈하고, 또한 생명체가 거주하는 세계를 탈바꿈한다. 어떤 장소에 정착한다는 것은 그곳을 변화시킨다는 의미다. 집이란 사실 이미 잊힌 세계의 변태가 남긴 상흔에 불과하다. 한 장소와 그 안에 머무는 존재들과 오래도록 교류하는 모든 관계는 그 장소의 본질

• 프랑스 조경사이자 작가로, '움직이는 정원(Jardin en mouvement)'과 '제3의 풍경(Le Tiers-Paysage)' 개념을 통해 자연의 자발적 생장과 인간이 함께 만들어가는 생태적·미학적 가능성을 강조했다.

•• 이탈리아 식물학자로, '식물신경생물학(Plant Neurobiology)' 분야의 선구자다. 식물이 정보를 수집·처리하고 학습·기억하는 능동적·지능적 존재임을 과학적으로 입증하는 연구를 이끌었다.

4 이주

에 깊은 변화를 일으킨다. 모든 거주 행위는 이중의 침입이다. 우리는 우리가 거주하는 공간을 침입하고, 동시에 그 동일한 공간이 우리를 침입한다.

생명체와 공간의 관계를 토착성의 관점에서 생각하는 것은 결코 어떤 기원을 더듬어 들어가는 일이 아니다. 오히려 이는 존재들에게 그들의 삶과 무관한 규범을 강제하는 것에 가깝다. 실제로 우리에게 그러한 분류를 가능케 하는 기준은 생물학적 관찰에서 나온 게 아니라, 영국의 관습법(common law)에서 비롯된 것이다. 이러한 오해를 초래한 인물은 바로 19세기 영국의 생물학자 휴잇 코트렐 왓슨(Hewett Cottrell Watson)이다. 영국의 식물상을 조사하던 왓슨은 어떤 식물들이 영국이라는 "섬에서 자생한 식물상에 병합되는, 매우 불확실한 권리를 획득"한 것에 반대했다. 이 식물들은 "정원에서 버려진 씨앗이나 뿌리에서 발생해 몇 년 동안 생존하는 종들, 그리고 …… 장식적이거나 경제적인 목적으로 심은 종들일 뿐이다. 우연히 영국에 정착한 프랑스인이나 독일인이 영국인이라 불릴 수 없듯이, 그 식물들은 영국 식물이라 불릴 권리가 없다". 몇 년 후, 왓슨은 "항목별로〔영국 식물〕종들의 시민적 권리와 지역적 상황"을 규정한 책을 출판했다. 그리고 그는 식물들에게 영국 **관습법**의 범주를 적용함으로써 놀랍게도 반(反)토테미즘적 행동을 보인다. 그리하여 그는

시민종, **거주**종, 외래종을 구분한다. 생태학이 고집스럽게 침입
종을 언급할 때마다―특히 1958년 찰스 엘턴(Charles Elton)의 저
서《침입 생태학》이후―사람들은 인간 문화에서 지리적으로나
역사적으로 매우 지엽적인 관습과 규범(19세기 영국의 법 문화)을
식물계에 부과한다. 인간적인, 너무나 인간적인 규범을, 국경 통
제가 엄격했던 19세기 국가들의 전형적 사회 형태를 비인간 존
재들에 다양한 방식으로 강요하려 한 것이다. 이것은 마치 생태
학이 모든 비인간 생물종에게 질서와 효용성을 중시하는 가장
역할을 수행하라고 하는 것과 마찬가지다. 또한 완전히 자의적
으로 그려놓은 국경선을 넘지 않으려는 신중한 시민처럼 행동할
것을 식물에게 요구하는 것과 같다.

　이 지구의 변태를 인정한다는 것은 생명체들을 이 이상한
속박에서 해방시키는 것이다. 생명체들은 단순히 가이아에 거주
하는 데 그치지 않고, 가이아를 몸속에 품고 있다. 생명체들은
가는 곳마다 가이아와 함께한다. 생명체들은 특정 영토에 거주
하지 않는다. 생명체들은 끊임없이 지형과 그 조직을 변화시키
는 일종의 흙이다.

연합

다양한 생물종의 도시

모든 변태(메타모르포시스)는 상이한 형태들 간의 관계를 보여주는 명백한 증거로, 이 관계는 모든 생명체의 존재를 정의한다. 이 관계는 우리 몸 외부에서 일어나는 일이 아니다. 우리 몸의 고유한 생리학이다. 우리는 애벌레이자 **동시에** 나비다. 어떠한 형상도, 어떠한 삶의 방식도, 어떠한 세계도 우리 생명을 요약할 수 없다. 모든 생명체는 해부학적·윤리적·생태적 생물다양성의 수축이자 확장이며, 변태는 이러한 다양성의 가능 조건이자 그 역사다.

이러한 관점에서 다른 생명체들과의 일시적인, 더 나아가 안정적인 결합은 우리 삶의 부수적이고 우연적인 차원이 아니며, 우리의 첫 번째 삶에 이어 추가되는 두 번째 삶도 아니다. 그 결합은 우리를 살아 움직이게 하는 내적 생물다양성의 연장이자, 변태하는 힘의 확장이다. 생태계와 도시는 변태를 도모하는 공간이며, 여러 형태가 결합해 지구의 더 큰 변태를 가능케 하는 소용돌이의 장이다. 이로써 가이아에게 더욱 강렬하고 더욱 풍부한 생명을 부여한다.

생태계 개념이 오랫동안 변태를 억제하고 막는 장치로 작용했다고 한다면, 인간 도시는 그 기원부터 삶을 이질적인 여러 형태·에토스(ethos)·세계의 결합으로 보는 생각에 반대하며 형성되었다. 도시는 윤리적·생태적·생물학적 측면에서 가장 극단적인 단일문화의 실험실이었다. 실제로 우리는 도시를 완전히 무기물로 이루어진 공간, **그러니까** 단일 종만이 존재하는 공간으로 생각하는 경향이 있다. 즉, 도시는 인간들의 집합체로 여겨진다. 인간들은 가이아 몸의 한 부분 **위에** 안정적으로 거주하면서, 자신들의 거처를 만들고자 그 몸의 구조를 마음대로 바꾼다. 무기물과 인간 외의 모든 것은—고양이와 개, 일부 말, 장식용 식물, 은밀히 무법자처럼 존재하는 쥐와 곤충 등 아주 드문 예외를 제외하고—도시 경계선 밖으로, 숲속으로 밀려난다. '~밖으로'라

는 의미의 라틴어 foris에서 유래하는 숲(forêt)은 이미 단어 자
체가 결핍의 상황, 즉 문명의 결핍, 인간성의 결핍, 현대성의 결
핍, 기술의 결핍을 나타낸다. 우리의 공존 방식과 정치적 상상을
이끌어온 이러한 대립은 사실 착각일뿐더러 위험하기까지 하다.
이것이 착각인 까닭은, 도시나 문명을 이른바 '야생', '자연' 공
간과 대립시킨 것은 윌리엄 크로넌(William Cronon)이 훌륭히 보
여준 대로 순전히 정치적 신화이기 때문이다. 야생과 자연은 오
직 도시를 **위해서만**, 인간 시간을 **위해서만** 존재한다. "도시는 '야
생'을 자신의 상징적 반대 개념으로 만들어내며, 가장 자연적
인 장소처럼 보이는 곳조차 우리의 문화적 궤도 안으로 끌어들
인다." 자연 공간이라는 개념은 어떤 면에서 자연 상태라는 **정치
적** 신화에 대한 도덕적 전복이다. 현대 정치 이론은 국가를 **순전
히** 자연적인 세계를 대체하는 것으로 상상했지만, 여기서 도시
는 정치의 과잉으로부터 스스로를 정화하기 위해 자연 상태, 정
치 이전의 야생 세계를 재구성해야 한다고 보았다.

　　이러한 태도가 심지어 위험한 까닭은, 오로지 돌로만 이루어
진 공간은 **기술적으로** 일종의 사막이며, 현대 도시계획의 무기물
적 광란은 결국 지구를 사막화로 이끌 수밖에 없기 때문이다. 이
러한 관점에서 인류는 자신이 사는 도시를 통해 이 지구의 거대
한 메두사가 된 것 같다. 무기물의 도시는 숲과 반대로 작동한

다. 모든 숲은 생명이야말로 가이아를 살아 숨쉬게 하기 위해 가이아의 몸속으로 태양 빛을 받아들이게 하는 힘이라 여긴다. 실제로 식물에게 성장은 곧 자기 몸속에 빛을 축적하는 것이다. 지구 밖 별로부터 점점 더 많은 빛을 축적하는 것이다. 그러므로 각 식물은 무기물로 이루어진 가이아의 몸속에 어떤 별에서 온 지구 밖 물질을 흡수하는 역할을 한다. 우리 생각에 생명의 가장 지구다운 표현인 나무는 다른 곳에서 온 빛을 탄소로 이루어진 자기 살에 채워 넣고 붙들어둔다. 사과·배·감자는 우리 행성의 광물 속에 들어온, 캡슐 형태의 지구 밖 작은 빛이다. 모든 동물이 다른 존재의 몸에서 찾으려는 것도 바로 이 같은 빛이다. 동물을 먹든 식물을 먹든 상관없이. 모든 먹는 행위는 몸에서 몸으로, 종에서 종으로, 계에서 계로 흘러들어가는 외계의 빛을 은밀히 주고받는 것, 그 이상도 이하도 아니다. 생명체는 돌을 별의 퇴적물로 변형한다.

그러므로 산업화된 농업이 단일재배(monoculture)를 한다고 비난하는 것은 부당하고 부정확한 처사다. 단일문화(monoculture)의 진정한 요람은 바로 도시다. 다른 종과 더불어 살아가면서도 다른 종과 이어져 있지도 닿아있지도 않다고 전제하는 순간부터, 우리는 생명은 절대적이며 죽음은 소멸이라고 착각한다. 도시는 인간의 몸이 자율적이라는 환상을 부추긴다. 이러한 관점에서 도시는 장례식장이다. 도시는 죽음에 대한 착각을 상징적으로 현실화하기 때문이다. 따라서 인간 단일문화에 관한 학문으로서 모든 정치학은 근본적으로 왜곡된 것이며 폐기되어야 한다. 순전히 인간 중심적인 지식이란 불가능하다. 왜냐하면 앞서 보았듯 생명은 (개체 수준에서나 종 수준에서나) 종간 관계를 바탕으로 이루어지기 때문이다. 생명에 관한 학문은 종간 관계에 대한 지식일 수밖에 없다. 또한 우리는 모든 도시가 제2의 몸, 농업과 축산의 차원에서 서로 다른 종들이 상호작용하는 제2의 레비아탄을 전제로 한다는 점을 잊은 듯하다. 자기 몸 밖으로 추방당한 채 살아가도록 저주받았으나, 이 제2의 레비아탄은 도시의 전제조건이자 가능 조건이다. 여성이고 남성이고, 식물이고 동물이고 서로 다른 종들이 만나지 않고 살아갈 수 있는 도시는 없다. 모든 식사 자리가, 모든 거주 공간이 이를 뒷받침한다. 모든 도시는 동식물의 몸 위에서 살아간다. 이 동식물은 그곳에 사는 사람들의 생존에 필요하며, 그들에게 거처를 마련해주고, 도구와 가구, 에너지와 산소를 공급해준다. 모든 인간 개체는 매일 자신이 먹고 소화하고 변형시킨 닭·연어·소·밀·보리·옥수수의 환생일 뿐이다. 모든 인공물은 다른 생명체들의 노동과 몸의 환생, 아니 광물로 이루어진 가이아의 살의 환생이다. 국가라는 레비아탄의 생명은 단순히 인간의 몸으로만 이루어진 것이 아니다. 모든 동식물의 몸, 균류, 박테리아, 그리고 광물로도 이루어져 있다. '정치'체의 모든 권력은 바로 이들로부터 나온다.

모든 인간 공동체가 종간 공동체의 일부라고 생각한다는 것은, 정치와 농업·목축 사이의 구분은 없으며, 또 없어야 한다고 생각한다는 의미다. 도시는 전혀 자연적인 것이 아니기 때문이다. 한 무리의 개체가 집단생활에 부여하는 형태는 **언제나** 다른 많은 생명체의 생활에 인위적인 변화를 가져온다. 종 내 결합은 종간 변태를 통해서만 가능하다. (니체에 의해 전복되기 전까지) 플라톤주의 전통에서 농업(및 목축)과 정치의 일치는 명백한 것이었다. 성서적 전통에서도 마찬가지였는데, 여기서 정치는 종종 목자의 태도에 비유되었다. 반대로 근대성은 목자의 모델에서 지배의 추상적 형태만 취했을 뿐, 가장 명백한 사실은 간과해버렸다. 목자가 양 떼와 같은 종에 속하지 않는다는 사실 말이다.

목축이나 사냥, 축산업이나 농업이 모든 정치 형태의 시작이라면, 이는 농업의 시작이 곧 원시적 축적의 시작이기 때문은 아니다. 목축·사냥·농업은 모든 정치 형태가 전제하는 선험적 형식이다. 단일 종의 내부 문제로만 국한될 수 있는 실질적인 정치는 없기 때문이다. 더 일반적으로, 같은 종에 속하는 개체들로 이루어진 모든 연합체는 다른 종, 다른 계에 속하는 개체들과 그들의 상호 변태를 동반하는 연합체를 전제로 한다. 모든 도시는 종간 연합체(그리고 생물계 간 연합체: 이 점에서 농업이 목축이나 사냥보다 훨씬 더 흥미롭다)일 뿐만 아니라, 모든 종간 연합은 **기술적** 성격을 갖는다. 우리의 정치 및 과학 전통이 개선해야 할 부분이 바로 이 두 번째 지점이다. 두 종 사이의 기술적 관계는 순전히 인간만의 배타적 특권이 아니다. 모든 종이 다른 종들과 맺는 관계는 농업과 축산업이 다른 종들과 맺는 관계와 같다. 즉, 자연적 관계란 존재하지 않는다. 왜냐하면 모든 종은 다른 종들과 **기술적·인공적** 관계를 맺기 때문이다. 종간 관계는 그 기술적 본성을 통해 이러한 관계를 유지하는 종들의 변태를 유도한다. 이러한 관점에서 보면, 농업은 일종의 우주적 현상이다. 농업은 단지 인간 종과 식물 종들 간의 관계, 즉 인류 역사 속 특정 시점과 장소에서 시작된 관계를 의미하는 것이 아니다. 농업은 모든 종간 관계의 선험적 형식이다. 이 관계는 매번 세계의 탄생을 가능케 한다. 세계의 탄생은 실제로 단일 종에 속하는 단일 개체의 출현이 아니라, 종간 관계의 한 형태다. 단일 생명 형태만 존재하는 곳에 세계란 없다. 세계는 언제나 우주적 농업 또는 우주적 목축의 산물이다. 즉, 종간 변태 관계의 산물이다.

종간 건축

자연환경이란 존재하지 않는다. 세계는 언제나 모든 부분을 기획하고 설계해 만들어진다. 그리고 공간은 항상 그곳에 거주하는 종이 아닌 다른 종들에 의해, 다른 종들을 위해 설계되고 만들어진다는 점이 더 중요하다. 이러한 이유로 세계와 맺는 관계는 단순히 물리적이거나 자연적이지 않고 언제나 정치적이다. 세계 안에 존재한다는 것은 다른 종들이 설계하고 구축한 공간에서 모든 종이 살아간다는 의미다. 따라서 산다는 것은 항상 낯선 공간을 점유하고 침범하는 것, 그리고 함께 머무는 공간이 무엇일 수 있을지 협상하는 것을 뜻한다.

(적어도 동물에게는) 가장 흔하고 가장 사소한 생명현상인 숨쉬기부터 시작해보자. 우리가 세계와 맺는 관계는 무엇보다 공기와 관련 있다. 우리에게 공간이란 걸어다니고 보고 만질 수 있는 장소에 그치지 않는다. 모든 살 만한 곳은 숨쉴 만한 곳이어야 한다. 따라서 공간은 먼저 호흡의 대상이자 폐를 위한 양식이다. 이러한 이유에서 건축의 첫걸음은 벽을 세우는 것이 아니라, 공기를 조절하는 것이다.

우리는 보통 호흡이 우리를 세계 및 공간과 연결해주는 가장 자연스럽고 자명하며 일상적인 움직임이라고 생각한다. 우리는 공기를 가장 자연적인 요소로, 즉 자연에 대한 어떤 조작 행위 너머 가장 순수한 형태로 존재한다고 생각하는 데 익숙하다. 그러나 공기는 공기 중 산소 농도가 21퍼센트라는 점만 생각해봐도 식물의 생명 활동의 부산물일 뿐이다. 공기는 식물의 물질 대사에서 비롯된 것으로, 식물의 존재 덕분에 생성된 부산물이다. 다른 말로 하면, 공기는 누군가에 의해 변형된 존재, 즉 인공물이다. 세계 안에서 이루어진 어떤 계획이나 설계의 파생물인 공기는 인간 또는 그 관련 생물종의 개체들에서 생겨난 것이 아니다. 그런데 비인간이 만들어낸 이 의도치 않은 결과로 세계는 우리가 살 수 있는 곳이 되었다. 동물이 땅 위에 발붙이고 영구적으로 정착할 수 있었던 것은 식물이 땅에 침입하고 시아노박테리아가 활동하면서 지각을 둘러싼 대기 공간이 급격히 변화했기 때문이다. 광합성으로 생성된 산소가 없었다면 지구 대기의 내부 조성은 지속적으로 변화하지 않았을 것이고, 그렇다면 이처럼 모든 생명체와 직접 맞닿은 환경이 될 수 없었을 것이다. 이러한 관점에서 보면, 세계는 동물적 존재라기보다는 식물적 존재에 훨씬 더 가깝다. 동물원이라기보다는 정원인 것이다. 세계가 정원이라면, 식물은 단순히 그 정원의 일부나 그 거주자가 아니다. 정말로 아니다. 식물은 정원사 그 자체다. 이 점을 인정한다면, 지구는 신성한 것도 본래 그렇게 있던 것도 아니라는 점을 인정하는 셈이다. 지구는 정원 가꾸기의 대상일 뿐이다. 우리도 다른 모든 동물처럼, 식물로 이루어진 정원 가꾸기 활동의 한 대상일 뿐이다. 우리는 경작의 산물 가운데 하나다. 편히 말하자면, 식물은 단순히 풍경의 일부가 아니라, 풍경을 창조하는 최초의 조경사다. 그들이 세상을 탈바꿈한다.

매우 단순한 이 사실은 일반적 진실을 말해주며, 한 종과 공간의 관계를 보여주는 전형적인 예로 봐야 한다. 세상의 모습을 만들어내고 지구를 형성하고 다시 빚어가는 것은 식물만이 아니다. 모든 생명체가 그렇다. 건축이나 도시 설계의 행위자가 될 수 있는 능력은 인간에게만 있지 않다. 그것은 모든 생명체가 가진 가장 일반적인 능력이다.

이 능력은 우리의 동물적 본성이라는 자명한 사실에서 도출할 수 있는 결론이다. 만일 정신이 원자·분자·조직의 활동이라면, 정신은 도처에, 모든 생명체 안에 존재한다. 따라서 생물학은 우주적 정신의 현상학이다. 그리고 이성은 인간이 아닌 형태들로 표현되며, 우리는 이를 물려받고 내면화한다.

모든 종은 의식적인 행위자로서 실수와 잘못된 선택을 할 수 있을 뿐만 아니라, 반드시 자기에게 최선이거나 유용하지 않은 행동이어도 자기 의지로 할 수 있다. 따라서 모든 생물종은 자신을 둘러싼 세계와 미학적 관계를 맺는다.

살아있음이란 단순히 다른 종과는 다르게 세계를 지각하는 것이 아니라, 그 세계를 다른 방식으로 구성하고 형성한다는 의미다. 환경은 자연의 종들보다 먼저 존재하는 것이 아니라, 각 종이 자신의 이미지로 재구성하는 것이다. 살아있는 세계는 건축가들의 세계다. 그리고 하나의 세계만이 존재하기에, 각 종은 다른 종들이 만들고 설계한 세계에서 살 수밖에 없고 그 반대도 마찬가지며, 건축은 항상 다종의 생명체들이 모인 살롱이다.

이렇듯 다른 종들 등이 이미 지구를 설계했기 때문에 인류가 이 세계에 등장한 것이다. 그리고 당연히 이는 인류를 위해서가 아니다. 숨을 쉬는 것은 다른 누군가가 만들어낸 무언가를 다루고, 이를 통해 살아간다는 것이며, 이 무언가를 우리가 처음 머무는 곳으로 변형한다는 것이다. 이것이 목적이다. 우리가 고집스레 자연환경이라 부르는 공간은 결코 '자연적'이지 않다. 우리가 공간이라 부르는 것은 항상 누군가가 설계하고 만든 것이지, 태초부터 아무도 손대지 않은 채 공평하게 거기 있었던 것이 아니다. 우리가 살아가는 공간은 다른 누군가의 생산품이다. 이 공동 공간(이 공간은 단순히 기하학적 실체가 아니라, 온갖 형태·물체·내용물의 집합으로 여겨진다)의 건축가는 남성도 여성도 신도 아니다. 건축가는 다른 생물종에 속하는 어느 개체(또는 개체군)이다.

세계는 모두에게, 모든 종에게 동일하기에, 세계를 설계하는 각 활동은 다른 종들과의 경계를 흐리게 하고 다른 종들의 세계를 뒤흔드는 활동이기도 하다. 벌·떡갈나무·박테리아가 자기의 고유한 삶을 가능케 하기 위해 환경을 바꿀 때마다, 그 종은 다른 종들의 환경도 변화시킨다. 이렇듯 건축은 단순히 한 종이 세계와 맺는 능동적인 관계가 아니라, 종들 사이의 필수적인 관계다. 세계의 건축가로서 각각의 종은 다른 종들과 관계를 맺는다. 건축은 단지 인간만의 일도 아니고 문화적 현상도 아니다. 한 종과 공간, 한 생명 형태와 그 세계 사이의 관계도 아니다. 건축은 종간 관계의 패러다임이다.

우리의 정신은 항상 다른 종들의 몸속에 있다

우리는 서로 다른 종들의 상호 의존 관계가 물리적·에너지적·해부학적 본성에 기인한다고 생각하는 데 익숙하다. 하지만 이 상호 의존이 무엇보다도 인지적이고 사변적인 성격을 지닌다고는 짐작조차 못한다. 모든 종간 관계가 기술적이고 인공적이며, 자연적이지도 순전히 물리적이지도 않다면, 이는 모든 종이 **언제나** 그리고 **오로지** 다른 종들과의 관계 속에서만 자신의 정신·지능·사고력을 발견할 수 있기 때문이다. 모든 종은 마치 자신의

정신과 연결돼 있듯 하나 이상의 다른 종들과 연결돼 있다. 지성은 하나의 기관(器官)이 아니며 언제나 모든 살아있는 개체의 몸 밖에 존재한다는 것은 신경생물학의 커다란 거짓말이다.

지성은 사물이 아니라 관계다. 그것은 우리 몸 안에 존재하지 않고, 우리 몸이 다른 수많은 몸과 맺는 관계 속에 존재한다. 정신이 몸 밖에 존재하는 이유는 그것이 단일종 개체의 장비가 아니기 때문이다. 우리가 정신이라고 부르는 것은 항상 두 종의 생명 사이의 연합이다. 정신을 일종의 생태학으로 보는 이러한 개념은 현대 생물학에서 낯선 것이 아니다. 이러한 생각을 처음 탐구한 이는 《동물 생각하기》를 쓴 폴 셰퍼드(Paul Shepard)다. 그는 사고가 식물·동물·박테리아 등의 공생적 공존의 결과이지, 그 가능 조건이 아니라고 주장했다. 주요 포식자들의 지능 발달은 오로지 그리고 언제나 종간 관계 속에서만 가능했다. 만약 초식동물이 없었다면, 주요 육식 포식자들은 완전히 멍청했을 것이다. 그러나 셰퍼드는 지성의 종간 관계를 여전히 목적론적 관점에서 생각했다. 이와 반대로, 모든 종에게 지성은 다른 종 안에서 구현된다고 상상해야 할지도 모른다.

이를 이해하기 위해서는 풀밭만 봐도 충분하다. 꽃과 함께 식물은 곤충을 유전학자·사육사·농부로 만든다. 식물은 다른 계에 속한 종에게 자기 종의 유전적·생물학적 운명을 결정할 임무를 맡긴다. 식물은 자기 종의 변태를 이끌 임무를 다른 종에게 맡기는 것이다. 어떤 면에서 꽃은 식물의 정신을 벌의 **몸** 안으로 전이한다고 볼 수 있다. 이것은 단순히 협업이 아니라, 서로 다른 종들 사이의 인지적·사변적 기관의 구성에 해당한다. 이는 피터 레이븐(Peter Raven), 폴 에얼릭(Paul Ehrlich), 도나 해러웨이(Donna Haraway)가 보여주었듯 진화상의 발전은 항상 공진화라는 의미일 뿐만 아니라, 앞서 살펴본 대로 공진화는 우리가 보통 농업이나 축산이라 부르는 것에 해당한다는 의미이기도 하다. 각각의 종은 자기만의 방식으로 다른 종들의 진화적 운명을 결정한다. 진화란 사실상 일종의 일반화된 종간 농업, 즉 우주적 교배에 불과하며, 반드시 서로에게 유익하지도 않다. 이처럼 전체적으로 세계는 순전히 관계로 구성된 현실이 되며, 여기서 각 종은 다른 종의 농업생태학적 영토가 된다. 그렇게 각각의 생명체는 다른 종의 정원이면서 동시에 정원사다. 이처럼 세계는 상호 경작(culture réciproque)의 관계다(순전히 효용의 논리나 무제한 사용의 논리로 정의되지 않는다). 이런 의미에서 생태학은 불가능하다. 왜냐하면 각 생태계는 다른 종들의 농경과 참여의 결과이기 때문이다. 야생 동물이 존재하지 않듯, 야생 공간도 존재하지 않는다. 왜냐하면 모두가 길러진(cultivé) 것이기 때문이다. 문화(culture)와 자연(nature)의 관계는 역전된다. 모든 종이 우리에

겐 자연의 구현(육화)일 수 있으며, 그 반대도 마찬가지다.

따라서 토양은 더 이상 독립적인 실재가 아니다. 그런 토양은 존재하지 않는다. 한 종이 뿌리내린 토양은 다른 종들의 생명이다. 정치도 더 이상 영토를 기반으로 하지 않고 종간 관계를 기반으로 이루어질 것이다. 따라서 도시는 인간 집단이 다른 여러 종(그리고 이들 종이 존재하는 데 필요한 모든 종)과 맺는 관계일 뿐이다. 생명체가 정착할 수 있는 중립적인 영토나 공간은 존재하지 않는다. 본래 정착은 농업이나 축산과 같은 일이다. 우리는 항상 다른 생명체의 삶 위에 정착한다. 반대로, 우리 자신도 항상 다른 생명체가 머물 토양이다. 우리는 서로의 몸을 통해 살아간다. 우리는 타자의 몸에서 자기 몸을 얻었다. 마치 지구가 처음부터 모든 종의 몸으로 이루어진 하나의 몸이었던 것처럼, 우리는 그렇게 다른 존재들의 생명으로 살아가고, 모두가 불가분하게 연결돼 있다.

모든 생명체는 다른 생명체들의 지구와 같고, 각각의 종은 생명체든 비생명체든 무수히 많은 다른 행위자들의 삶의 터전이다. 도시의 땅, 순수한 정착 공간이란 존재하지 않는다. 모든 곳이 경작지다. 땅은 한 생명체를 다른 생명체와, 한 종을 다른 종과 분리하는 것이 아니라, 각자가 서로 섞일 수밖에 없게 만든다. 모든 영토는 그 자체로 변태가 진행 중인 땅이다. 이 덕분에 생명체와 종들, 그리고 무생물 행위자도 전 지구에 공통된 움직이는 힘을 똑같이 공유한다. 반대로, 우리 각자는 다른 모든 생명체와 모든 종과 마찬가지로 집단적 변태의 한 요소다. 다른 생명체와 다른 종들에게는 일종의 땅이다. 타자들의 땅인 덕분에 우리는 움직이는 힘을 갖는다.

우리가 정신, 지성 또는 '뇌'라고 부르는 이 종간 관계는 자연적인 것이 아니다. 그것은 자생적인 것도 영원한 것도 순전히 생물학적인 것도 아니다. 그것은 기술적인, 어떤 점에서는 예술적인 현상이다. 모든 종간 관계를 단순히 우발적인 것으로만 해석해서는 안 된다. 예술가와 그가 다루는 재료 사이의 관계를 닮은 무엇, 또는 더 나아가 큐레이터와 예술가 사이의 관계를 닮은 무엇으로 해석해야 한다. 꽃가루를 운반하는 곤충이 어떤 꽃을 다른 어떤 꽃과 교배할지 결정하는 선택은 합리적 계산이 아닌 취향에 기반한 것이다. 예를 들어, 꽃이 얼마나 많은 당을 함유하는지가 관건이다. 이러한 점에서 진화는 효용이 아니라 취향에 근거한다. 한 종의 감각이 다른 종들의 운명을 결정한다. 그렇기에 진화는 자연에서의 유행, 즉 수백만 년 동안 지속되는 패션쇼와 같다. 이 패션쇼는 모든 종이 다른 종으로부터 얻은 옷 또는 다른 종이 디자인한 옷을 걸칠 수 있게 해준다. 풍경이란 현대 자연의 전시 또는 자연의 유행이 펼쳐지는 가면무도회와 같다. 이는 다수의 종이 참여하는 비엔날레이며, 수백 가지 다른 전시로 교체되기를 기다리는 설치 미술이다.

우리 존재 안에서 일어나는 모든 것이 인위적이고 자의적이듯, 자연 안의 모든 것도 그렇다. 이 인위성은 다양한 종들의 행동에 기인한다. 지구의 역사는 예술의 역사, 영원한 예술적 경험이다. 이러한 맥락에서 어떤 종은 다른 종들의 예술가이자 큐레이터다. 반대로, 각각의 종은 다른 종들의 진화를 재현하는 예술 작품이자 퍼포먼스이지만, 또한 자신을 등장시켜준 다른 종들이 큐레이터 역할을 하는 전시의 대상이기도 하다.

진화와 자연선택은 완전히 혁명적으로 변화한다. 물고기·식물·닭·박테리아·바이러스·균류·말 등 크기가 크든 아주 작든, 각자가 어느 왕국에 속하든, 모든 생명체는 정신을 지닌 존재다. 단순히 (생각하고, 느끼고, 결정을 내릴 수 있는) 자신에 대한 정신에 그치지 않고, 다른 종들의 정신이기도 하다. 모든 생명체는 자신의 환경과 다른 종들의 환경을 의식적으로 변화시키고, 자의적으로 종간 관계를 형성할 수 있다. 이 종간 관계는 반드시 어떤 효용을 지향하지는 않는다. 하지만 또한 모든 생명체는 다른 종들의 운명을 바꿀 수도 있다. 이러한 관점에서 세계를 바라보면, 세계는 이 지구상의 무한한 생명 형태들이 지닌 보편적이고 우주적인 지성과 감성의 결과물로, 이 결과물은 끊임없이 변화한다. 반대로, 이 우주적 정신은 다양한 종들이 서로 다른 순간에 기묘한 의도에 따라 자의적이고 합리적으로 내린 수많은 결정과 만남으로 생성된다. 정신, 즉 종간 진화는 세상이 겪는 메타모르포시스의 삶이다.

현대의 자연

각각의 종은 다른 종의 진화적 운명을 결정한다. 모든 종은 예술가이면서 동시에 예술작품이다. 예를 들어, 우리 인간은 원숭이들이 만든 예술작품으로, 원숭이들은 자신의 몸을 변형해 또 다른 삶의 방식을 만들기로 결정한 것이다. 우리는 30만 년 동안 지속된 원숭이들의 특별한 퍼포먼스인 셈이다.

지구 자체도 하나의 예술적 실험으로 봐야 한다. 사실 진화란 우리가 **현대의 자연**이라 불러야 할 것을 만들어내는 과정이다.

20세기 초부터 예술은 아방가르드(avant-garde)로 자리매김하면서 더 이상 심미적 기능을 수행하지 않았다. 예술은 아름다움을 창조하고, 현존하는 것을 장식하며, 조화를 이루게 하는 임무에서 해방되었다. 스스로 현대적이라고 주장하는, 즉 공간이나 물질의 형태가 아니라 시간의 한 형태를 구현하고자 하는 예술은 미래를 예지하는 집단적 실천이 되었다. 그때부터 각 사회는 예술을 통해 자신 안에 아직 존재하지 않는 무언가를 만들어내기 시작한다. 이는 더 이상 자신의 본성을 조화롭게 반영하는 것이 아니라, 현재의 모습과 다르게 자신을 재창조하려는 시도, 다르게 존재하려는 방식이자 아직 존재하지 않는 차이를 인식하려는 방식이다. 예술은 사회 변형(메타모르포시스)의 욕망이자 계획이다.

현대 예술은 특정한 매체·방법·분과로 정의되지 않는다. 현대 예술은 모든 감각 매체, 모든 문화적 실천과 분과를 가로지르고 흔들어, 문화를 스스로 변모시키려는 운동이다. 예술은 한 사회가 고백하고 생각하고 상상할 수 없는 것을 가시화할 수 있게 해주는 공간이다.

진화란 현대 예술이 문화에 대해 수행하는 기능에 상응하는 삶의 방식으로 생각해야 한다. 자연은 단순히 문화가 존재하기 이전의 아득한 선사시대가 아니라, 아직 실현되지 않은 문화의 미래다. 초현실주의적 상상이다. 현대의 자연은 생명이 자신의 미래를 선도하는 무대다. 이것은 자연의 아방가르드로서의 생명이다. 생명 형태의 초현실주의적 재생산이다.

도시는 현대의 자연을 위한 박물관 같은 것이 되어야 한다. 그저 공존하는 생태계가 아니다. 생태계 개념은 여전히 부동의 자연적 균형이라는 관념을 전제로 한다. 그 안에서 인간의 모든 개입은 혼란을 초래하며, 기술 혁신도 모두 배제된다. 그러나 앞서 말했듯이 진화를 기술적 진보로 볼 수 있다면, 사실상 각 생태계는 하나의 도시―혁신과 진보가 결집해 있는 공간―이자 현대의 자연 박물관이라고 인정할 수 있어야 한다. 이곳에서 진보는 미리 결정된 논리를 따르지 않으며, 이곳은 모든 종이 자유롭게 사용 가능한 공간이다.

현대의 자연 박물관으로서 도시는 예술과 기술의 집합체에 다름 아니다. 이는 완전히 인간 활동의 연장선상에 있다. 이 구역은 오래된 박물관, 동물원과 식물원, 오래된 인간 도시, 그리고 화이트 큐브(white cube) 사이에 있는 일종의 하이브리드일 것이다. 이 기관들 안에서의 삶은 일종의 종간(種間) 도시계획, 다종(多種)의 경관 건축과 같을 것이다.

이 새로운 박물관은 자연을 자신의 한계 너머로 상상할 수 있는 '에코초현실주의(éco-surréaliste)' 문화의 촉매가 되어야 한다(꼭 에코모더니즘일 필요는 없다). 예술가·과학자·디자이너·건축가·농부·축산업자가 모여, 도시·정원·농장·헛간의 중간 지점에서 다종적 연합체를 구성해야 한다. 그곳에서 각 생명체는 다른 생명체들과 자기 자신을 위해 작품을 생산할 것이다. 이러한 상상력을 가치 있게 발휘한다면, 도시는 심미적이면서도 자연스럽게 종들의 집단 메타모르포시스가 일어나는 장소가 될 것이다.

도시는 자연의 현대성을 실현하는 곳이 되어야 한다. 자연은 문명의 선사시대가 아니다. 자연은 우리의 현재이자 무엇보다도 우리의 미래다. 자연은 항상 현재가 그리는 미래의 모습이자, 현재의 메타모르포시스다.

결론

·

행성적 지식

우리 시대 가장 위대한 사상가 중 한 명인 아마존 원주민 아이우통 크레나크(Ailton Krenak)는 생명이란 우리를 둘러싼 것이 아니라, 안팎으로 우리를 관통하는 것이라고 거듭 말하곤 했다. 환경─주변을 이루는 생명─은 존재하지 않는다. 오로지 흐름만, 연속체만 존재한다. 우리는 그 연속체의 메타모르포시스 작용일 뿐이다.

우리 주변과 바깥에 있는 생명은 모두 우리 안에 있는 바로 그 생명과 동일한 것이다. 그 반대도 마찬가지다. 나는 이 책에서 메타모르포시스가 바로 이에 대한 분명한 증거임을 보여주고자 했다. 우리는 우리를 둘러싼 모든 것과 같은 삶을 산다. 애벌레가 나비로 변태하는 곳인 고치에 주목하면서 우리가 깨달은 것이 바로 이 점이었다. 두 몸이, 해부학·생태학·윤리학의 관점에서 공통점이 전혀 없는 두 몸이 하나의 동일한 생명을 공유한다. 이 두 몸은 완전히 다른 모습으로 살아간다. 앞서 보았듯 곤충은 두 개의 몸으로 나뉜 분열된 삶을 산다. 첫 번째 몸은 여섯 개의 다리를 가진 일종의 탱크가 거대한 소화관을 받치고 있는 형태로, 오직 먹는 것에만 집중한다. 두 번째 몸은 날개를 가진 장치로, 같은 종의 다른 개체들과 성적으로 결합하는 데 대부분의 시간을 보낸다. 변태란 이처럼 상호 배타적인 두 몸이 같은 개체에 속할 수 있도록 하는 메커니즘일 뿐이다. 이 두 몸은 완전히 다른 두 세계에 속한다. 첫 번째는 땅에서 기어다니고, 두 번째는 공중에서 살아간다. 뚜렷한 하나의 해부학적 정체성이나 하나의 특정 세계로 국한할 수 없는 하나의 생명을 공유한다는 것이 변태가 보여주는 기적이다. 동일한 자아, 동일한 '나'는 상호 배타적인 두 개의 몸으로, 두 개의 다른 세계에서 살아갈 수 있다. 마치 우리가 인생의 절반은 여섯 개의 다리로 땅에 붙어 잎을 먹고 살며, 나머지 절반은 공중에서 사랑을 나누며 날아다니는 것과 같다. 이러한 삶을 경험한다면 우리는 생명을 특정한 신체 형태의 소유물로, 특정한 세계의 소유물로 여길 수 없을 것이다. 우리에게 생명이란 여러 몸을 통과하는 것이자 서로 다른 세계들을 순환하는 것으로, 고정된 특정 성질이 아니다.

메타모르포시스는 이러한 기적이다. 두 개의 몸과 하나의 동일한 생명. 우리는 흔히 서로 다른 형태를 가진 두 몸은 아무런 공통점이 없다고 생각한다. 그러나 이 둘은 동일한 생명, 동일한 자아를 가지며, 우리가 자식의 몸에 대해 느끼는 그런 친밀감도 똑같이 가진다. 내가 이 책에서 보여주고자 한 것은 이러한 관계가 애벌레와 나비에 국한되지 않고, 세계의 모든 몸 사이에도, 모든 생명체와 지구 사이에도 존재한다는 점이다. 우리를 살아있게 만드는 이 하나의 동일한 생명은 끊임없이 몸들을 변화시키며, 물질을 이용해 새옷으로 갈아입는다. 그렇게 생명은 가이아의 몸을 조각하고 또 조각한다. 모든 생명체가 어떤 한 종에 속할 뿐 아니라 모든 종에 속한다고 생각해보자. 이 생명체들은 현재 살아있는 것들일 뿐 아니라 생명이 시작된 이래로 존재해온 것들, 그리고 미래에 존재할 것들이다. 이들은 서로 애벌레와 나비 같은 관계를 맺고 있다. 이들은 몸에서 몸으로, 종에서 종으로 전해지는 동일한 생명이다. 생명체와 지구 사이의 관계도 마찬가지다. 생명은 가이아라는 거대한 애벌레의 나비일 뿐이다. 생명은 이 행성의 메타모르포시스다.

나는 이 연속성이 우선 같은 종 내에서, 즉 출생을 통해서뿐만 아니라 생리학과 진화의 차원에서도 형성됨을 보여주고자 했다. 모든 종의 정체성은 우선 다른 종들과의 연속성(및 메타모르

포시스)의 형태를 정의한다. 이 점에서 다원주의를 논리적이면서
도 급진적으로 해석하자면, 다원주의는 에두아르두 비베이루스
지 카스트루(Eduardo Viveiros de Castro)의 분석을 통해 현대 인류
학이 밝혀낸 것과 다르지 않을 수도 있다. 같은 종에 속한 개체
들이 맺는 모든 관계가 다른 종들이 서로 맺는 관계와 동형적이
라면, 그리고 개체의 탄생 주기와 새로운 종의 발생 간에 완벽한
유사성이 존재한다면, 종의 분류 체계는 **자연적** 사실이 아니라
인간 문화를 분류하는 기준인 친족 관계의 한 도식으로 간주해
야 한다. 우리가 친족 관계를 만들고 조정해야 하듯, 친족 관계
의 한 **문화적** 형태인 생명체들 간의 관계도 계속해서 조정의 대
상이 되어야 한다.

    이 책에서 내가 전개한 관점은 인식론과 정치의 관점에서
다음과 같은 일련의 결론으로 이어진다. 모든 종이 다른 종들
과 내재적으로 관계를 맺고 있다면, 우리가 오랜 세월 믿어온 것
과 달리, 모든 지식과 과학은 일종의 토테미즘이라 할 수 있다.
그것이 발전한 모든 순간에, 모든 지리적·문화적 범위에서 그
렇다. 언제나 비인간 존재를 관찰함으로써 인간은 (다른 모든 종
과 마찬가지로) 스스로를 이해할 수 있었고, 앞으로도 그럴 것이
다. 우리 삶과 관련된 모든 지식은 관찰을 통해서만 얻을 수 있
다. 자기인식은 언제나 종간 관계에 기반한다. 그렇기에 우리는

우리 삶을 설명하는 개념을 적용함으로써 다른 종들과 다른 생명 형태들을 이해했다. 이러한 관점에서 토테미즘과 인간중심주의는 동일한 사유 과정이다. 만일 우리 생명의 일부가 비인간 존재들과 동일함을 깨닫는다면, 우리는 그들에게 있는 인간성의 특성을 인정할 수 있다. 반대로, 식물이나 동물에게 인간저 특성을 부여할 때마다, 우리는 또한 우리 안에 순전히 인간적인 본성이 아닌 무언가가 존재함을 인정하게 된다. 이 두 가지 사유 과정은 구조적으로 서로를 필요로 한다. 어떠한 종이든 자신 이전에 존재했던 한 종의 변형으로 정의된다면, 특정 종에 대한 모든 지식은 필연적으로 종간 지식일 수밖에 없다. 어떤 관점에서 보면, 모든 지식은 토테미즘적이다. 다른 생명체에게서 얻지 않은 지식은 존재할 수 없기 때문이다. 반대로, 모든 자기인식은 언제나 다른 생명 형태에 대한 인식이기도 하다. 왜냐하면 각각의 생명 형태는 여러 종들의 콜라주이기 때문이다.

미래

오래전부터 우리는 하늘을 올려다보며 미래를 예측하기 위한 징조를 찾았다. 우리는 눈을 위로 향해 다른 천체(별)들이 하늘에

결론

———

203

그려놓은 듯한 움직이고 변화하는 기하학적 패턴을 관찰하고, 그로부터 무슨 일이 일어날지 알아낼 수 있다고 여겼다. 그래서 앞으로 일어날 일을 점치는 토속적 지식을 오늘날까지도 '천체에 관한 학문'이라는 의미로 점성학(astrologie)이라 부른다. 오래전부터 우리는 하늘의 일부, 별들, 더 정확히는 매일 밤 보이는 하늘의 별빛을 우리에게 일어나고 있고 앞으로 일어날 모든 일의 원인으로 여겨 관찰하고 숭배하고 경배해왔다.

이러한 믿음은 항상 또 다른 믿음과 함께했다. 오래전부터 우리는 대지가 우리의 과거를 지키는 신성한 수호자라고 여겼다. 우리는 언제나 죽은 자들을 바로 대지에 맡겼다. 우리는 언제나 대지와 그 대지가 품고 있던 유물에 대고 우리가 과거에 어떤 존재였는지 물었다. 오래전부터 우리는 대지를 다른 곳에서 일어난 모든 일의 순수한 결과, 단순한 우주적 저장소로 여겼다. 그러니까 인간과 비인간이 만든 우주 잔해의 보관소인 것이다. 거대한 잔해 더미.

오래전부터 우리는 여러 복잡한 이유 때문에 미래와 과거를 혼동하게 만들고, 하늘을 그 반대라고 믿는 것과 혼동하게 만드는 이상한 시차(視差) 오류에 시달려왔다.

이제는 이 시각적 오류를 수정하고 어디를 봐야 할지 아는 진정한 미래의 과학, 즉 거꾸로 된 점성학을 구축할 때다. 우리는 미래가 어디에 있으며 어떻게 존재하는지 이해해야 한다.

점성학을 뒤집어야 하는 이유는 최소한 세 가지다. 우선 이제 우리는 하늘에 보이는 모든 것이 실제로는 수년, 종종 수백만 년 전에 일어난 일이라는 것을 알기 때문이다. 하늘에는 미래가 없을 뿐만 아니라 현재의 흔적도 없다. 가장 멀리 떨어진 하늘의 이미지는 그저 잔해일 뿐이다. 우리가 볼 수 있도록 몇백만 년 동안 포름알데히드에 담가 보관해둔 것처럼. 창공은 우주의 최대 고고학 유적지다. 행성에서 행성으로 이동하는 순회 쇼 형태로 우주의 과거를 되살리는 거대한 야외 박물관이다. 점성학의 하늘은 우주의 과거를 순회하는 서커스인 셈이다.

점성학을 전복해야 하는 두 번째 이유는 지구 또한 하나의 천체라는 것을 우리가 알기 때문이다. 하늘, 그리고 지구 대기권과 태양 사이에 있는 모든 것은 지구와 동일한 물질·재료·형태를 가지고 있다. 본질적으로, 물질 면에서, 형태 면에서 우리 자신도 하늘이다.

따라서 점성학은 지구의 과학이 되는 법을 배워야 한다. 이를 위해 미래를 알고 싶다면 위를 올려다보는 것이 아니라, 눈을 내려 우리 행성인 이 하늘의 조각을 바라보아야 한다. 사실 지구에 나타나는 모든 것은 일종의 도박 형태로 예견된 미래다. 지구상의 모든 몸은 일종의 투기 자본이다. 지구는 그 자체로 미래의 몸이자 미래주의적인 몸, 모든 몸의 미래다. 우리가 배워야 할 것은 바로 이 점이다. 우리는 지구를 그 허약함 때문에 존중해서는 안 된다. 지구는 우리 미래의 살이기 때문에, 우리는 지구에서 다르게 살아야 한다. 내일의 살, 모레의 살, 그리고 다가올 수십억 년의 살이기 때문에.

지구가 우리의 미래라는 사실은 미래가 결코 외부에서 오지 않는다는 의미다. 반대로, 미래가 있다면 그것은 외부가 없기 때문이며, 모든 것이 내부에 있기 때문이다. 이 행성 내부에. 모든 것은 이 행성의 표면에 있다. 미래는 변형을 멈추지 않는 이 지구의 피부다. 미래는 지구가 변태하는 고치다.

지구가 미래의 몸인 것은 그 크기 때문이 아니다. 미래는 결코 크고 거대한 것이 아니다. 그것은 행성 전체를 파괴할지도 모를 운석이 아니다. 미래는 지구에 거주하는 가장 작은 생명체보다 더 작은 무엇에 속한다. 미래는 인간이나 인간이 남긴 기념물보다도 바이러스가 살아가는 방식에 더 가깝다. 미래는 절대적으로 미시적이다. 미래만이 물질의 가장 작은 조각에서 생명을 볼 수 있다.

다소 단순화해서 말하자면, 바이러스는 모든 생명체의 발달과 번식의 화학적·물질적·역학적 메커니즘과 같으나, 세포 구조 밖에서는 더 무질서하고 자유로운 형태로 존재한다. 바이러스는 각 생명체가 자신의 고유한 형태를 발달시킬 수 있게 하는 힘이라 할 수 있다. 몸에서 해방되어 자유롭게 떠다니는 듯한 순수한 메타모르포시스의 역량이다. 이것이 바로 미래, 생명의 발달과 번식의 힘이다. 우리에게 속하지 않는 이 힘은 개체의 배타적 소유도, 공동 소유도 아니며, 다른 모든 생명체의 표면을 떠돈다. 이 힘은 자유롭기 때문에 몸에서 몸으로 순환한다. 모두이 힘을 사용할 수 있으며, 각각의 생명체가 이를 자기 것으로 삼을 수 있다. 그러나 바이러스를 소유한다는 것은 자신을 오염시키고 변형하며 변태한다는 의미이듯, 미래를 소유한다는 것은 돌이킬 수 없는 변화에 자신을 노출한다는 의미다.

미래는 순수한 메타모르포시스의 힘이며, 단지 개체의 성향만이 아니라 공중을 떠다니는 꽃가루처럼 자율적 생명체로서도 존재할 수 있다. 무한 소유의 자원인 것이다. 미래는 생명과 그힘이 어디에나 있고, 우리 중 어떤 개체에도 어떤 국가에도 어떤종에도 속할 수 없다는 사실에 다름 아니다. 미래는 개체와 개체군에게 변형을 강제하는 병(病)이다. 이 병은 우리 정체성을 안정적이고 최종적이며 실제적인 것으로 생각하지 못하게 만든다.

결국 미래란 영원성의 병이다. 홀로 존재하는 종양. 심각하지 않은. 우리를 행복하게 해주는 유일한 종양.

이 병에 걸리지 않게 조심할 필요는 없다. 시간의 바이러스에 걸리지 않도록 백신을 맞을 필요도 없다. 쓸모없는 짓이다. 우리의 살은 변화를 멈추지 않을 것이다. 우리는 아파야 한다, 아주 아파야 한다. 죽기를 두려워하지 않고. 우리는 미래다. 우리는 빠르게 산다. 우리는 자주 죽는다.

참고문헌
•

생명체의 계보에서 아담의 지위를 차지할 사람은 없다. 언어의 계열에서 다른 모든 단어보다 우위에 있다고 할 만한 단어는 없다. 언어에 진정한 시작이란 없다. 모든 말은 이전 말의 메아리이자 다음 말의 전조다. 이 책은 다른 곳에서 온 발상의 확장이자 변형이다. 이 책이 바로 고치이자 메타모르포시스인 것이다.

나와 함께해준 친구들과의 대화 외에도, 우리가 경험이라 부르는 세상과의 침묵의 대화 외에도, 다른 이들의 말과 작품, 책 덕분에 이 글을 쓸 수 있었다. 여기서 논의한 문제의 범위를 고려할 때, 이 작업은 수년에 걸쳐 매우 많은 독서를 필요로 했다. 모든 자료를 자세히 나열할 수는 없지만, 이 책을 구상하는 데 가장 큰 영향을 준 작품들을 소개하려고 한다. 그 무엇보다 우선 철학이 무시한 걸작인 오비디우스의 《변신 이야기》 제15권의 내용을 들 수 있다. 여기서는 피타고라스의 입을 통해 환생, 살의 표류, 정신의 형이상학이 그려진다. 이 대목에서 오비디우스는 가장 급진적이면서 예지력 있는 글을 쓸 수 있었다.

또한 이 책은 제임스 러브록(James Lovelock)과 린 마굴리스가 제안한 가이아 가설을 발전시키고 더 선명히 하고자 했다.

1 탄생

탄생은 현대 지식 체계에서 여전히 진정한 금기로 남아있다. 산부인과와 점성술
은 차치하고, 출생 후 어머니가 아기에게 '자연스럽게' 느끼는 감정에 대해 언급
하거나 기술하는 일은 삼류 대중심리학 외에 거의 없다. 이 장을 집필할 때 글보
다는 훌륭한 전시에서 더 영감을 받은 것도 이런 까닭이다. 2018년 2월, 뮌헨의
하우스데어쿤스트(Haus der Kunst, 예술의 집)에서 페트라 길로이히르츠(Petra
Giloy-Hirtz)의 기획으로 열린 키키 스미스(Kiki Smith) 전(展) '행렬(Processions)'
이 그런 경우다. 특히 〈랩처(Rapture)〉(2001)와 〈본(Born)〉(2002)이라는 작품이
인상적이었는데, 늑대나 어린 사슴의 뱃속에서 여성 형상이 튀어나오는 모습이
담겼다. 우리의 기원은 늘 비인간이며, 모든 살아있는 종과 맺어진 친족 관계는
빅뱅 이후 생명체에서 생명체로 전해져온 동일한 '살'의 공유를 뜻한다. 모든 탄
생에 존재하는 기적과 폭력성은 여기서 매우 강렬하게 포착된다.

  독일어로 쓰인 다음 책들은 이 주제가 유럽 철학사에서 어떻게 드문드문
은밀히 이어져왔는지 추적하고자 했다. Christina Schües, *Philosophie des
Geborenseins*, Freiburg-Munich, Verlag Karl Alber, 2008; Ludger Lütkehaus,
Natalität. Philosophie der Geburt, Zug, Die Graue Edition, 2006.

  이러한 공백이 생긴 여러 이유 중 하나는 일부 기독교 신학이 탄생 담론을 독
점했다는 점이다. 신성한 탄생에 관한 외경 문헌만 살펴봐도 이를 쉽게 알 수 있
다. 이 주제와 관련해서는 반드시 J. K. Elliott, *A Synopsis of the Apocryphal
Nativity and Infancy Narratives*, Leyde et Boston, E.J. Brill, 2006을 참조
해야 한다. 예수의 출생에 관한 여러 기독교 문헌 가운데, 개인적으로 가장 인
상 깊었던 것은 9세기 신학자가 쓴 다음 책이다. Paschase Radbert, *De partu
virginis*, E. A. Matter et A. Ripberger (éd.), Turnhout, Corpus Christianorum,
Continuatio mediaevalis, LVI C, 1985. 탄생성에 대한 한나 아렌트의 논의

(Hannah Arendt, *Condition de l'homme moderne*, trad. Georges Fradier, Paris, Pocket, 1983)는 이 신화와 직접 관련지을 수 있다. 아렌트에 관해서는 Patricia Bowen-Moore, *Hannah Arendt's Philosophy of Natality*, Houndmills et Londres, Mac-Millan Press, 1989를 함께 보면 좋다. 기독교 신학은 매우 중요한 도상학적 성찰을 풍부하게 만들어냈는데, 이는 Giulia Puma, *Les Nativités italiennes (1250-1450). Une histoire d'adoration*, Rome, École française de Rome, 2019에서 훌륭히 다뤄진 바 있다. 이 책에서 내가 제시했던, 기독교의 탄생 신학을 뒤집는 해석은 Samuel Butler, *God the Known and God the Unknow*, Londres, Fifield, 2009에서 영감을 받았다.

페렌치에 관한 단락은 Sándor Ferenczi, *Thalassa. Psychanalyse des origines de la vie sexuelle*, Paris, Payot, coll. "Petite Bibliothèque Payot," 2018에 실린 내용을 참조해 썼다.

2 고치

내가 변태에 관해 참고한 문헌은 방대하다. 나는 16세기부터 이어져온 변태에 관한 연구를 지극히 간략히 요약해보려 했다. 근대 초기의 변태 관련 연구에서 가장 중요한 글은 Thomas Moffet, *Insectorum sive minimorum animalium theatrum*, Londres, Thomas Cotes, 1634이다. 이후 나온 변태 연구의 주요 저서는 다음과 같다. William Harvey, *Exercitationes de generatione animalium*, Apud Joannem Janssonium, Amsterdam, 1651; Jan Goedart, *Métamorphoses naturelles ou histoire des insectes observée très exactement suivant leur Nature & leurs Proprietez*, Amsterdam, Pierre Mortier, 1700; Jan Swammerdam, *Biblia naturæ: sive, Historia insectorum in classes certas redacta*, trad. Hieronimus David Gaubius, Leyde, 1737.

곤충의 분열된 몸에 관한 대목은 다음의 탁월한 논문에서 인용했다. Carroll M. Williams, "Hormonal Regulation of Insect Metamorphosis" in *Symposium on the Chemical Basis of Development*, W. D. McElroy et B. Glass (éd.), Baltimore, John Hopkins Press, 1958, p. 794-806. 윌리엄스의 다음 논문 도 참고했다. "Morphogenesis and Metamorphosis of Insects," dans *Harvey Lectures*, 47, 1951-1952, p. 126-155.

곤충 변태에 관한 현대의 연구 목록은 매우 방대해 요약하기 쉽지 않다. 상세한 역사적 개관은 다음 논문 참조. Deniz F. Erezyilmaz, "Imperfect Eggs and Oviform Nymphs: A History of Ideas about the Origins of Insect Metamorphosis," *Integrative and Comparative Biology*, 46, 6, 2006, p. 795-807. 같은 저자가 린 리디퍼드, 제임스 트루먼과 함께 쓴 다음 논문도 중요하다. Deniz F. Erezyilmaz, Lynn M. Riddiford et James W. Truman, "The Pupal Specifier Broad Directs Progressive Morphogenesis in a Direct Developing Insect," *Proc Natl Acad Sci USA*, 103, 2006, p. 6925-6930.

역사적·이론적 측면을 다룬 종합 연구로는 다음 논문들이 있다. James W. Truman, Lynn M. Riddiford, "The Origins of Insect Metamorphosis," *Nature*, 410, 1999, p. 447-452; Aniruddha Mitra, "Cinderella's New Shoes: How and Why Insects Remodel Their Bodies Between Life Stages," *Current Science*, 104, 2013, p. 1028-1036.

이 주제에 관해 참고한 역사적 논문 가운데 가장 중요한 것은 탈(脫)배아 화(dé-embryonisation) 개념을 처음 주장한 이탈리아 곤충학자 안토니오 베를 레세의 논문이다. Antonio Berlese, "Intorno alle metamorfosi degli insetti," *Redia*, 9, 1913, p. 121-136. 다음 논문들도 중요하게 참고했다. H. Henson, "The Theoretical Aspect of Insect Metamorphosis," *Biological Review*, 21,

1946, p. 1-14; H. E. Hinton, "On the Origin and Function of the Pupal Stage," *Transactions of the Royal Entomological Society of London*, 99, 1948, p. 395-409. 빈센트 위글스워스의 다음 저작에서도 결정적인 도움을 받았다. Vincent B. Wigglesworth, *The Physiology of Insect Metamorphosis*, Cambridge, Cambridge University Press, 1954; *Insects and the Life of Man: Collected Essays on Pure Science and Applied Biology*, Chapman and Hall, 1976.

Frank Ryan, *Metamorphosis: Unmasking the Mystery of How Life Transforms*, Londres, Oneworld Publications, 2012는 도널드 어빙 윌리엄슨(Donald Irving Williamson)에 관한 훌륭한 책이다. 윌리엄슨의 저작 *The Origins of Larvae*, Norwell, Kluwer Academic Publishers, 2003 외에도 주요 논문은 다음과 같다. "Sequential Chimeras," dans A. I. Tauber (éd.), *Organism and the Origins of Self*, Dordrecht, Kluwer, 1991, p. 299-336; "Larval Transfer in Evolution," in M. Syvanen et C. I. Kado (éd.), *Horizontal Gene Transfer*, New York, Academic Press Mondon, 2001, p. 395-410; "Larval Transfer and the Origins of Larvae," *Zoological Journal of the Linnean Society*, 2001, p. 111-122; "Hybridization in the Evolution of Animal Form and Life-Cycle," *Zoological Journal of the Linnean Society*, 2006, p. 585-602; "Caterpillars Evolved from Onychophorans by Hybrido-genesis," *Proceedings of the National Academy of Sciences of the USA*, 106, 2009, p. 19901-19905.

마리아 지빌라 메리안에 대해서는 다음 두 저서를 참고했다. Kurt Wettengl (éd.), *Maria Sibylla Merian. Künstlerin und Naturforscherin 1647-1717*, Hatje Cantz Verlag, 2013; Carin Grabowski (éd.), *Maria Sibylla Merian zwischen Malerei und Naturforschung: Pflanzen- und Schmetterlingsbilder Neu*

Entdeckt, Berlin, Dietrich Reimer, 2017.

더 일반적인 이론적 문제들을 다룰 때는 프린스턴 대학교 생태진화생물학과 소속 생물학자 존 보너(John T. Bonner)의 여러 저작이 결정적으로 도움이 되었다. *Size and Cycle: An Essay on the Structure of Biology*, Princeton, Princeton University Press, 1966; *On Development: The Biology of Form*, Cambridge (Mass.), Harvard University Press, 1974; *First Signals: The Evolution of Multicellular Development*, Princeton, Princeton University Press, 2001.

회춘과 관련해서는 에른스트 헤켈의 스승이자 베를린 식물원장이었던 알렉산더 브라운이 쓴 Alexander Braun, *Das Individuum der Pflanze in seinem Verhältnis zur Spezies: Generationsfolge, Generationswechsel und Generationstheilung der Pflanze*, Königliche Akademie der Wissenschaften, 1853을 참고했으며, Ruth G. Rinard, "The Problem of the Organic Individual: Ernst Haeckel and the Development of the Biogenetic Law," *Journal of the History of Biology*, 1981, p. 249-275도 참고할 만하다.

작은보호탑해파리 연구는 다음을 참고했다. Stefano Piraino, Ferdinando Boero, Brigitte Aeschbach, Volker Schmid, "Reversing the Life Cycle: Medusae Transforming into Polyps and Cell Transdiffer-entiation in Turritopsis nutricula (Cnidaria, Hydrozoa)," *Biological Bulletin*, 190, 1996, p. 302-312.

에른스트 카프의 역작 《기술 철학의 원리》(2007)는 그레구아르 샤마유의 불어 번역본(Ernst Kapp, *Principes d'une philosophie de la technique*, trad. Grégoire Chamayou, Paris, Vrin, 2007)을 참고했다.

식물의 변태를 둘러싼 논쟁은 다음 책을 주로 참고했다. Johann Wolfgang von Goethe, *Essai sur la métamorphose des plantes*, Genève, J. Barbezat et Cie, 1829. 또한 다음 문헌들에서도 연관성을 찾을 수 있었다. Charles Linné, *Philosophie botanique*, trad. du latin par F.-A. Quesné, Leboucher, 1788; Nils Ericsson Dahlberg, *Metamorphosis plantarum*, 1755; Caspar Friedrich Wolff, "De formatione intestinorum praecipue, tum et de amnio spurio aliisque partibus embryonis gallinacei, nondum visis, observationes in ovis incubatis institutae," dans *Novi Commentarii Academiae Scientiarum Imperialis Petropolitanae*, Petropoli Typis Academiae Scientiarum, t. XII, 1768, p. 403-507, t. XIII, 1769, p. 478-530.

3 환생

나는 필리프 파레노(Philippe Parreno)의 예술을 떠올리면서 환생 개념을 발전시킬 수 있었다.

발 플럼우드는 자신의 체험을 여러 차례 기록했는데, 그 최종본은 유고 문집 Val Plumwood, *The Eye of the Crocodile*, Lorraine Shannon (éd.), Canberra, Australian National University E-Press, 2012에 실려 있다.

부활 문제에 관한 문헌은 방대하며, 특히 Oscar Cullmann, *Unsterblichkeit der Seele oder Auferstehung der Toten*, Stuttgart, Kreuz, 1967에서 영혼 불멸설과 신체 부활설의 차이를 강조한 이후 더욱 많아졌다. 다음 책 또한 이 주제를 이해하는 데 도움이 되었다. Alan F. Segal, *Life After Death: A History of the Afterlife in the Religions of the West*, New York, Doubleday, 2004; Candida R. Moss, *Divine Bodies. Resurrecting Perfection in the New Testament and Early Christianity*, New Haven, Yale University Press, 2019.

알도 레오폴드가 쓴 〈오디세이〉는 유고 문집 Aldo Leopold, *Almanach d'un*

comté des sables, trad. A. Gibson, Paris, Flammarion, coll. "GF", 2017에 실려 있다. 레오폴드에 관해서는 다음 책도 참고했다. Julianne Lutz Warren, *Aldo Leopold's Odyssey: Rediscovering the Author of a Sand County Almanac*, Washington, Island Press, 2016.

생물학적 관점에서 본 성 문제는 Lynn Margulis, Dorian Sagan, *What is Life? Three Millions Years of Genetic Reconstruction*, New Haven, Yale University Press, 1990을 보기 바란다.

세대교번이 발견되는 과정에 대해서는 다음 두 편의 논문이 길잡이가 되어주었다. Armin Geus, "Der Generationswechsel: Die Geschichte eines biologischen Problems," *Medizinhistorisches Journal*, 7, 1972, p. 159-173; Dieter Zissler, "Die Entdeckungsgeschichte des Generationswechsels der Tiere," *Mitteilungen des Badischen Landesvereins für Naturkunde und Naturschutz e.V. Freiburg i. Br.*, 2001, p. 951-966.

Adelbert von Chamisso, *De animalibus quibusdam e classe vermium Linnaeana in circumnavigatione Terrae: De Salpa*, Berlin, F. Dümler, 1819는 이 문제에 관해 폭넓은 논쟁을 불러일으켰고, 이후 펼쳐진 중요한 논의는 다음과 같다. M. Sars, *Bidrag til Söedyrenes Naturhistorie*, Bergen, 1829; J. J. S. Steenstrup, *Ueber den Generationswechsel oder die Fortpflanzung und Entwickelung durch abwechselnde Generationen, eine eigenthümliche Form der Brutpflege in den niederen Thierclassen*, Copenhague, 1842.

샤미소의 발견 여행은 작가 본인이 Adelbert von Chamisso, "Voyage de Kotzebue. Lettre écrite à M. le Comte de Romanzoff⋯," *Journal des voyages découvertes et navigations modernes: ou Archives géographiques et statistiques du XIXe siècle*, Paris, 1821, p. 201-208에서 직접 묘사했다.

이 모든 문제와 관련된 이론적 성찰은 Leo W. Buss, *The Evolution of*

Individuality, Princeton, Princeton University Press, 1987에 매우 잘 정리돼 있다. 꼭 참고해야 할 필독서다.

4 이주

이 글의 일부는 크리스틴 르베(Christine Rebet)의 작품에 대한 해설로 쓰였다.

알프레트 베게너의 역작인 Alfred Wegener, *Die Entstehung der Kontinente und Ozeane*, Gebrüder Borntraeger Verlagsbuchhandlung, Berlin, 2015의 초판 및 4판에는 저자의 필기 메모도 실려 있다.

판구조론에 관한 대표적 연구서는 다음과 같다. Henry R. Frankel, *The Continental Drift Controversy*, 4 vol., Cambridge, Cambridge University Press, 2012; Roy Livermore, *The Tectonic Plates Are Moving!*, Oxford, Oxford University Press, 2018.

생태학의 역사에 관해서는 Jean-Paul Deléage, *Histoire de l'écologie*, Paris, La Découverte, 1991가 매우 좋은 입문서다. 다음 저서들도 참고할 만하다. Ludwig Trepl, *Geschichte der Ökologie. Vom 17. Jahrhundert bis zur Gegenwart*, Frankfurt am Main, Athenäeum, 1987; Frank N. Egerton, *Roots of Ecology. Antiquity to Haeckel*, Berkeley, University of California Press, 2012. 린네와 그 제자들의 글은 다음 프랑스어 번역본 참조. Carl von Linné, *L'Équilibre de la nature*, trad. Bernard Jasmin, Paris, Vrin, 1972.

앙리 르코크는 8권 분량으로 Henri Lecoq, *Étude de la géographie botanique de l'Europe*, Paris, Baillière et Fils, 8 vol., 1854-1858를 출판했다.

침입 생태학에 대해서는 Charles Elton, *The Ecology of Invasions by Animals and Plants*, Londres, Methuen, 1958를 참고하길 바란다. 이 책이 일

으킨 반향은 데이비드 리처드슨(David M. Richardson)이 엮은 *Fifty Years of Invasion Ecology: The Legacy of Charles Elton*, Chichester, Wiley Blackwell, 2011에서 살펴볼 수 있으며, 다음 저작도 추천할 만하다. Jacques Tassin, *La Grande Invasion*, Paris, Odile Jacob, 2014.

휴잇 왓슨은 1835년 런던에서 다음 책을 출판했다. Hewett C. Watson, *Remarks on the Geographical Distribution of British Plants, Chiefly in Connection with Latitude, Elevation, and Climate*, Longman, Londres, 1835. 그의 《시빌리 브리태니커(Cybele Britannica)》는 같은 출판사에서 1847년부터 나왔다.

식물의 이동에 관해서는 다음 저서들 참조. Gilles Clément, *Le Jardin planétaire. Réconcilier l'homme et la nature*, Paris, Albin Michel, 1999; Stefano Mancuso, *L'Incredibile Viaggio della piante*, Rome, Laterza, 2018.

5 연합

이 장은 William Cronon, *Nature's Metropolis. Chicago and the Great West*, New York-Londres, W.W. Norton, 1991와 Carolyn Steel, *Ville affamée*, Paris, Rue de l'échiquier, 2016 외에도 다음 작품들에서 영감을 받았다. Philippe Parreno (avec Bas Smets), *Continuously Habitable Zones a.k.a. CHZ*, film, 2011; Pierre Huyghe, *Exomind*, sculpture, 2017.

본문에서 언급한 폴 셰퍼드의 저서는 Paul Shepard, *Thinking Animals. Animals and the Development of Human Intelligence*, Atlanta, University of Georgia Press, 1998이다.

내가 제시한 현대 자연을 위한 박물관이라는 최종 전망은 건축가 스테파노 보에리(Stefano Boeri)가 밀라노에 세운 '수직 숲'(2015) 프로젝트에 큰 빚을 지고 있다.

결론

아이우통 크레나크의 말은 Ailton Krenak, *Ideias para adiar o fim do mundo*, São Paolo, Companhia das Letras, 2019에서 인용했다.

　에두아르두 비베이루스 지 카스트루에 관해서는 다음 저서를 참고하기 바란다. Eduardo Viveiros de Castro, *Métaphysiques cannibales. Lignes d'anthropologie post-structurale*, trad. O. Bonilla, Paris, PUF, 2009.

감사의 글

•

혼히 두 번째 출산은 첫 번째보다 훨씬 덜 고통스럽다고 말하곤 합니다. 어머니의 몸은 이전 경험을 통해 임신과 출산에 따른 변화를 좀더 수월하게 겪게 된다고 말이죠. 한 권의 책을 쓰는 것이 일종의 출산이라는 말도 자주 들었습니다. 제 몸은 아이를 품을 능력이 없고 앞으로도 없을 것이기에 이 비교가 적절한지, 또는 두 번째 출산이 어떤지에 대해 판단할 수는 없습니다. 그러나 책을 쓰는 일은 항상 저에게 고통스럽고 예측할 수 없는 경험이었다는 점은 확실히 말할 수 있겠네요. 글쓰기의 경우 경험이 쌓인다는 개념은 존재하지 않습니다. 노하우도 장인적 솜씨도 존재하지 않습니다. 어떤 책을 마주하건, 저는 항상 아마추어이고 서투르며, 마치 마법 같은 미지의 물건을 이해하지 못하고 마주한 아이 같은 기분이 들었습니다. 이러한 상황에서 같이 대화하고 시간을 보낼 수 있는 가까운 친구들과의 우정이 저에게는 유일한 무통주사 같은 역할을 해주었습니다. 프레데리크 아이투아티(Frédérique Aït-Touati)는 원고를 검토해주고, 저의 많은 아이디어에 대해 너그러이 토론해주었습니다. 그녀와의 대화와 그녀의 작품은 이 책의 필수적인 부분이었으며, 진심으로 감사의 마음을 전하고 싶습니다. 브뤼노 라투르(Bruno Latour)와의 대화는 많은 점에서 저를 성장시켰습니다. 그에게 깊은 감사를 드립니다.

이 책은 과거·현재·미래의 모든 생명체의 통일성, 세상의 물질과 생명체들의 통일성을 주장합니다. 이는 흔히 범신론이라 불립니다. 조르조 아감벤(Giorgio Agamben)과의 오랜 논의는 저에게 깊은 영향을 미쳤습니다. 에마누엘레 다틸로(Emanuele Dattilo)는 이 범신론의 숨겨진 전통과 억압된 역사를 다룬 책을 준비하고 있습니다.

이 책은 여기 열거하는 분들과 오랜 시간에 걸쳐 나눈 대화를 통해 배운 것들이 없었다면 나오기 어려웠을 것입니다. 아델 압데세메드(Adel Abdessemed), 레오노르 방실롱(Léonore Bancilhon), 마르첼로 바리손(Marcello Barison), 로시오 베렝게르 솔단(Rocio Berenguer Soldan), 스테파노 보에리, 비앙카 본디(Bianca Bondi), 키아라 보티치(Chiara Bottici), 조반니 카레리(Giovanni Careri), 바르바라 카르네발리(Barbara Carnevali), 루시엔 캐스탱테일러(Lucien Castaing-Taylor), 도로테 샤를(Dorothée Charles), 에마누엘레 클라

리초(Emanuele Clarizio), 질 클레망(Gilles Clément), 미켈라 코치아(Michela Coccia), 베로니카 다리(Veronica Dari), 레티시아 도슈(Laetitia Dosch), 시모네 파레신(Simone Farresin), 사빈 게르무슈(Sabine Guermouche), 도나시앵 그로(Donatien Grau), 카미유 앙로(Camille Henrot), 노린 카와자(Noreen Khawaja), 소피 나디아 알라 키수키 쿠르크디앙(Sophie Nadia Yala Kisuki Kurkdjian), 마틸드 로랑(Mathilde Laurent), 알리스 르루아(Alice Leroy), 파비안 루두에냐 로만디니(Fabian Ludueña Romandini), 필리포 미니니(Filippo Mignini), 제레미 나르비(Jeremy Narby), 에르네스투 네투(Ernesto Neto), 한스 울리히 오브리스트(Hans Ulrich Obrist), 마시모 스콜라로(Massimo Scolaro), 베레나 파라벨(Verena Paravel), 필리프 파레노, 에릭 필리프(Éric Philippe), 크리스틴 르베, 미켈레 스파노(Michele Spanò), 안드레아 트리마르키(Andrea Trimarchi), 바르바라 핀켄(Barbara Vinken), 엘로이즈 밴 더 헤이든(Éloïse van der Heyden), 바스 스메츠(Bas Smets), 키아라 베키아렐리(Chiara Vecchiarelli), 마리 빅(Marie Vic), 루이스 제르비니(Luis Zerbini), 카테리나 잔피(Caterina Zanfi).

아울러 이 책은 제가 운 좋게도 머물 수 있었던 여러 도시에서 얻은 경험 덕분에 가능했습니다.

파리에서는, 마지막 몇 달 동안 까르띠에 현대미술재단에서 나무를 주제로 한 전시회를 기획하는 데 참여할 기회가 있었습니다. 이 경험은 이 책의 집필에 완전히 새로운 변화를 가져왔습니다. 저를 초대해준 에르베 샹데(Hervé Chandes), 피에르에두아르 쿠통(Pierre-Édouard Couton), 이자벨 고드프루아(Isabelle Gaudefroid), 아델린 펠트티에(Adeline Pelletier), 마리 페렌(Marie Perennes)에게 감사드립니다. 브뤼스 알베르(Bruce Albers)가 이 재단 8층에서 해준 한 마디는 결정적이었습니다. 특별히 감사의 말씀을 전하고 싶습니다.

카를스루에에서는 브뤼노 라투르의 초청으로 강연을 했습니다. 그곳에서 실수로 커피를 쏟는 바람에 완성 단계에 있던 원고와 3년에 걸친 작업물이 커피에 녹아버리고 말았습니다. 그것은 제가 최근 몇 해 동안 겪은 아주 과격하고 즐거운 회춘 경험 중 하나였습니다. 이 의도치 않은 메타모르포시스가 없었다면, 이 책은 분명 전혀 다른 모습이 되었을 것입니다.

모나코에서 샤를로트 카시라기(Charlotte Casiraghi), 조셉 코헨(Joseph Cohen), 로제폴 드루아(Roger-Pol Droit), 로라 위고(Laura Hugo), 로베르 마지오리(Robert Maggiori), 라파엘 자귀리오를리(Raphael Zagury-Orly)와 나눈 대화는 지난 3년간 저의 지적 생활의 리듬을 만들어주었습니다. 그들의 관대함과 어디서든 좋은 생각을 이끌어내는 능력에 감사를 표합니다.

브뤼셀에서는 로랑 반 엔드(Laurent van Eynde)의 도움으로 초고를 발표할 수 있었고, 나타샤 파이퍼(Natacha Pfeiffer)와 모드 하겔스타인(Maud Hagelstein)과 토론할 수 있었습니다.

런던에서는 필리파 라모스(Filipa Ramos), 루시아 피에트로 이우스티(Lucia Pietroiusti), 마틴 사브란스키(Martin Savranski), 존 트레시(John Tresch)와 함께 책의 일부 내용을 논의할 수 있었습 니다.

웰링턴에서의 짧은 체류 기간에는 스테판 레(Stéphane Re) 덕 분에 이 책에 담긴 많은 아이디어가 탄생했습니다. 그와 알리제 알렉상드르(Alizée Alexandre)와의 만남은 매우 중요한 경험이었 습니다.

쿠리치바에서는 알레샨드르 노다리(Alexandre Nodari), 줄 리아나 파우스타(Juliana Fausta), 줄리앙 노워드워르스키(Juliàn Nowodworski), 마르쿠 안토니우 발렌팅(Marco Antonio Valentim), 플라비아 세라(Flavia Cera)와 함께 책의 초고를 상세히 발표하고 토론할 수 있었습니다.

리우데자네이루에서는 아나 단트스(Anna Dantes), 마들렌 데 샹(Madeleine Deschamps), 마르쿠스 바그너(Marcus Wagner)와 '셀 바젬(Selvagem)' 팀 모두가 이 책의 아이디어를 관대하고 열정적 으로 받아들여주었습니다.

뉴욕에서는 필립 어서(Phillip Usher), 메리엄 코리시(Meriam Korichi), 오마르 베라다(Omar Berrada)가 책 집필에 큰 도움을 주었습니다.

기이한 우연으로 저는 이 글의 상당 부분을 바이마르에서 썼고, 그곳은 괴테가 식물의 변태에 관한 저서를 집필한 곳에서 불과 몇백 미터 떨어진 곳이었습니다. 저를 IKKM〔바이마르 바우하우스 대학의 국제 문화기술연구 및 매체철학 연구소(Internationales Kolleg für Kulturtechnikforschung und Medienphilosophie)〕에 초대해준 베르나르트 지게르트(Bernard Siegert)와 로렌츠 엥겔(Lorenz Engell)에게 깊은 감사를 전하며, 같이 토론해준 레안더 숄츠(Leander Scholz), 엘레나 포크만(Elena Vogmann), 카타지나 브워슈친스카(Katarzyna Włoszczyńska)에게도 감사드립니다.

마지막으로, 제 편집자 리디아 브레다(Lidia Breda)에게 따뜻한 감사를 전합니다. 그녀는 압박과 기다림을 번갈아가며 예술적으로 조율하는 데 능합니다. 르노 파케트(Renaud Paquette)는 제 원고의 첫 독자였으며, 그의 지적과 제안 덕분에 원고의 마지막 변신이 이루어졌습니다. 깊이 감사드립니다.

저의 부모님인 마리아 아순타 토소니(Maria Assunta Tosoni)와 미켈레 코치아(Michele Coccia)는 어린 시절부터 변화를 두려워하지 않도록 가르쳐주었습니다. 두 분의 용기와 자유, 열정에 감사드립니다. 이 책을 제 딸 콜레트(Colette)에게 바칩니다. 딸아이는 겨우 5년 전에 이 세상에 왔고, 그 순간부터 우리 주변의 모든 것을 뒤바꿨습니다. 그동안 제가 마주해본 적 없었던 기쁨과 은총으로 세상을 밝혔습니다. 딸아이는 메타모르포시스의 모든 비밀을 알고 있으며, 그중 몇 가지를 제게 알려주었습니다.

옮긴이의 글

•

나는 자주 꿈꿨다. 고치에 갇힌 나를. ……영혼을 조각하고, 영
혼 전체를 변화시키는 힘을 체험하는 것을. ……나는 자주 꿈꿨
다. 애벌레의 힘을 가진 나를. 애벌레인 내 몸에서 돋아나는 날
개를 보는 것을. ……죽거나 다시 태어나지 않고서도 하나의 존
재에서 다른 존재로 건너가는 것을. (57~58쪽)

이전에는 꿈꿔보지 않았지만, 책을 덮고 가만히 생각해보니 그
러했다. 책을 읽는 시간은 고치 속에서 보낸 시간이었다. 이 책
《메타모르포시스》는 또다시 새롭게 쓴 '자기의 해석학'이기 때문
이다. 프랑스어 nous는 '우리'를 뜻한다. 그러나 학술적 에세이
와 논문에서 nous는 '나'를 대신하는 용어다. 이 철학적 에세이
의 한결같은 주어 nous는 '나'이고 '우리'지만, 책을 읽는 시간
은 나와 우리의 좁은 외연을 두드리고 두드려 금이 가게 한다.

그리고 그 틈 사이로 '생명'이 흘러들어온다. 애벌레가 나비가 되듯, 우리 자신도 다른 존재로 변신 또는 변태하는 경험을 하게 하는 고치, 그것이 이 책《메타모르포시스》다.

> 책도 자신의 정신을 다시 조형할 수 있게 해주는 고치다. (91쪽)

이 책의 가장 흥미로운 점은 2장에서 자세히 묘사하는 곤충의 변태 작용을 통해 '변태'의 의미를 살아있는 모든 것, 존재하는 모든 것의 존재 방식으로 확장하는 데 있다. 간략히 말하면, 우리를 포함한 존재하는 모든 것이 끝없이 형태를 변화해가며 존재하는, 한 거대한 생명의 '변태(메타모르포시스)'임을 일깨우는 것이 이 책의 주제라고 할 수 있다.

> 변태란 이처럼 상호 배타적인 두 몸이 같은 개체에 속할 수 있도록 하는 메커니즘일 뿐이다. ……내가 이 책에서 보여주고자 한 것은 이러한 관계가 애벌레와 나비에 국한되지 않고, 세계의 모든 몸 사이에도, 모든 생명체와 지구 사이에도 존재한다는 점이다. (200~201쪽)

저자인 에마누엘레 코치아가 만든 이 고치 속에서 우리는

메타모르포시스

하나이자 유일한 생명의 끝없는 '변태'를 경험한다. 우리는 살아 있는 모든 것이자 존재하는 모든 것이며 가이아다. '메타모르포시스'는 세상 모든 것과 내가 '얽혀 있다'고 말한다. 그 얽혀 있음을 깨닫는 일은 다음과 같은 자명한 사실, 우리 존재의 근본 조건을 성찰하는 것뿐이다. 우리 모두는 어머니의 몸에서 태어났다. 우리 모두는 먹는다.

> 탄생은 우리 모두의 첫 번째 경험이자 그 경험의 선험적 형식이다. (28쪽)

> 식사는 모든 종간 관계의 선험적 형식이자 내용으로서, 단순한 동반 관계나 공동 거주의 의미를 훨씬 넘어선다. (114쪽)

여기서 "선험적 형식(forme transcendantale)"은 칸트 철학에서 비롯한 용어로, 경험에 앞서(a priori) 존재하면서 경험을 가능케 하는 조건을 의미한다. 물론 칸트 철학에서 '선험적 형식'은 인식주체인 나 또는 인간이 갖는 주관적 경험의 틀을 의미하며, 이 틀 때문에 인식 주체는 주체가 구성하는 현상 밖의 실재에 접근하지 못한다. 반대로, 코치아가 말하는 선험적 형식은 인간이 더 이상 주관의 틀에 갇힌 존재일 수 없다는 것을, '선험적으로' 다

른 모든 존재와 얽혀 있다는 것을 보여주는 경험의 가능 조건이
다. 태어난다는 것은 내가 다른 이의 몸이었으며, 다른 이의 몸
의 '메타모르포시스'라는 것을 뜻하고, 생명의 진화는 모든 종이
그 이전에 존재했던 종들의 '메타모르포시스'라는 것을 알려준
다. 하나의 같은 생명이 이전과 다르게 존재하기 위해 새로운 몸
과 새로운 형태로 자신을 만들어간다. 아울러 먹는다는 것은 우
리가 다른 생명체의 생명으로 살아갈 수밖에 없음을 뜻한다. 음
식들은 다른 생명의 형태로 살아갈 자양분이다. 그리고 영양 섭
취의 형태로 그 자양분은 존재들을 순환한다. 모든 존재가 다른
존재와 접하고, 다른 종의 생명을 경유해 다른 존재가 되는 일이
필연적으로 일어난다.

> 우리는 서로의 몸을 통해 살아간다. 우리는 타자의 몸에서 자기
> 몸을 얻었다. (191쪽)

그리하여 모든 존재의 '메타모르포시스'는 가이아라는 이름
에 닿는다. 하나의 같은 생명이 새로운 몸과 형태로 자신을 만들
어가는 과정 자체가 가이아이며, 서로가 서로의 몸이 되어주고,
순환하고 윤회하는 과정 자체가 가이아다. 우리는 숨을 쉬며 살
아간다. 공기 중 21퍼센트를 차지하는 산소는 식물의 물질대사

에서 비롯한다. 한 생명의 활동이 곧 다른 생명의 환경이 되어주는 이러한 얽히고설킨 메타모르포시스 극장에서 주체와 객체는 나뉘지 않는다.

> 우리는 질료적으로나 형상적으로 가이아와 동일하다. 즉, 우리는 가이아이 몸이고, 가이아의 살이며, 가이아의 숨결이다. (50쪽)

현대 철학은 다양한 방식으로 근대 철학의 '주체' 개념의 허상을 벗겨냈다. 코치아의 선택은 생명의 연속성 속에서 '자아'를 고찰하는 것이다. 이 자아는 결코 세계를 대상화하는 독자적이고 자율적인 존재가 될 수 없으며 모든 인식의 출발점에 설 수 없는 자아다. 그리고 '객체' 또한 '주체'에 대립하는 것이 아니다. '메타모르포시스'는 이질적인 생명의 형태들과 이질적인 세계들이 '하나의 유일한 생명의 흐름' 안에서 구성되는 과정이며, 다양한 형태를 통해 생명이라는 하나의 유일한 자기 자신이 표현되는 과정이기도 하다.

참고문헌을 소개하는 글에서 저자는 "모든 말은 이전 말의 메아리이자 다음 말의 전조"라는 인상적인 표현을 쓴다. 그의 참고문헌 목록에는 앙리 베르그손이나 질 들뢰즈 같은 현대 프랑스 철학자들의 이름은 없다. 그러나 이 두 철학자의 생명 철학에는 근대 철학의 주체와 객체라는 구도를 넘어서는, 하나의 유일한 생명의 흐름 속에 생명의 표현으로서의 삶을 보여주는 새로운 철학적 구도가 담겨 있다. 이 주제로 박사학위 논문을 쓴 역자로서는 코치아의 메타모르포시스 세계관이 이들 철학의 탈근대(post-modern) 지점에 깊이 조응하고 있음을 많은 부분에서 인지할 수 있었다. 또한 메타모르포시스인 이 세계의 '얽힘'은 근대적 이분법을 해체하는 강력한 힘을 보여준다. 인간과 비인간, 동물과 환경, 생물과 무생물, 삶과 죽음까지 끊임없는 메타모르포시스가 일으키는 순환은 이들의 경계를 허문다. 기술·문명·도시는 자연과 대립하지 않는다.

〔기술의 집약체인〕 건축은 단순히 한 종이 세계와 맺는 능동적인 관계가 아니라, 종들 사이의 필수적인 관계다. 세계의 건축가로서 각각의 종은 다른 종들과 관계를 맺는다. 건축은 단지 인간만의 일도 아니고 문화적 현상도 아니다. 한 종과 공간, 한 생명 형태와 그 세계 사이의 관계도 아니다. 건축은 종간 관계의 패러다임이다. (188쪽)

코치아의 '메타모르포시스'는 이자벨 스탕게르스와 브뤼노 라투르 등이 주창한, 비인간 행위자들까지 포함하는 새로운 정치적 사유를 요청하는 '코스모폴리틱스(Cosmopolitics)' 개념과도 조응한다. 이 책은 뒷부분으로 갈수록 점차 탈근대 철학이 자연과 인간의 삶의 얽힘에 대해, 생명의 얽힘에 대해 일으키는 새로운 생각의 파장을 매력적으로 보여준다. 근대 문명에서 생태 문명으로의 전환기, 코치아가 보여주는 인간 의식의 전환과 철학적 전회는 인간과 생명체, 비생명체 등 모든 존재의 변화가 만들어낸, 가이아가 겪는 메타모르포시스에 상응하는 것일지 모른다.

코치아는 1976년 이탈리아 페르모에서 태어난 철학자로, 피렌체 대학에서 중세철학으로 박사 학위를 받았고, 특히 중세 철학과 근현대 사상 간 연결을 탐구하는 연구로 학문적 경력을 시작했다. 이후 독일 프라이부르크 대학, 일본 도쿄 대학, 미국 컬럼비아 대학 등에서 연구 및 강의를 수행했고, 현재 프랑스 파리 고등사회과학원(EHESS)의 예술이론 및 예술사 연구소 부교수로 재직 중이다. 2010년 출간한 《감각적인 삶(La Vie sensible)》에서 코치아는 감각을 단순히 '인지 수단'이 아닌 세계와 존재를 열어주는 장으로 재사유하며 중세 스콜라 철학, 특히 아베로에스와 토마스 아퀴나스를 참조해 감각과 정신 그리고 존재를 잇는 새로운 길을 모색했다는 평가를 받는다. 이어 2016년 그는 비인간의 감각적 삶이라 할 수 있을 《식물의 삶(La

Vie des plantes)》을 출간한다. 《메타모르포시스》에서도 부분적으로나마 이 책의 내용을 엿볼 수 있는데, 여기서 코치아는 식물의 존재 방식은 세계의 일부로서 존재하는 것이 아니라 광합성을 통해 대기를 구성하는 등 생명체의 삶을 가능케 하면서, 세계 자체를 구성한다고 분석한다. 식물은 자신의 존재를 외부와의 교류를 통해 구성하며 뿌리와 잎, 땅과 하늘, 내부와 외부라는 구분을 흐리게 한다. 이러한 식물의 존재 방식을 통해 코치아는 인간과 동물 중심의 철학이 간과해온 존재 방식의 근본 모델, 즉 존재를 분리된 실체가 아니라 관계 속 존재로 사유하는 모델을 제안한다. 그리고 이 사유 모델을 확장해 2020년 《메타모르포시스》에서 모든 생명이 형태와 경계를 넘어 서로 연결돼 있음을 고찰한다. 그가 이 책을 '두 번째 출산'에 비유한 이유는 전작인 《식물의 삶》과의 주제적 연결성 때문인 것 같다. 2022년 12월 코치아는 숙명인문학연구소에서 주최한 국제학술대회에도 참석한 바 있다. 마침 《메타모르포시스》를 번역 중이던 내게도 우연한 기회로 그의 발표문이 전달되었는데, 그의 연구는 이미 이종 간 사랑, 행성성애학으로 한 걸음 더 나아가 있었다.

이 책은 "메타모르포시스의 여왕, 내 딸 콜레트에게"라는 헌사로 시작한다. 책 출간 당시 저자의 딸은 다섯 살이었다. 나는

"메타모르포시스의 여왕"이라는 말을 단번에 이해했다. 이 책을 번역하는 동안 내게도 딸이 생겼기 때문이다. 아이들은 매일매일 다르다. 그 새로 태어난 힘으로 오늘 하루의 생을, 가이아를 싱그럽게 만든다.

출산은 내가 살면서 겪은 가장 심층적인 '메타모르포시스'였다. 모두가 엄마에게서 태어났을 텐데, 왜 낳아보지 않고서는, 엄마가 되지 않고서는 엄마가 어떤 삶인지 알지 못하는지. 저자가 우리는 탄생이 무엇인지, 출산이 무엇인지 잘 알지 못한다고 했을 때 감탄하지 않을 수 없었다. 무엇보다 임신과 출산, 그리고 신생아 육아 기간을 존중해준 에코리브르 출판사에 진심으로 깊은 감사의 인사를 전하고 싶다. 처음 겪어본 이 시기를 나보다도 더 잘 이해해준 덕분에 어머니이자 철학자로서 이 책을 번역할 수 있었던 것은 정말로 큰 행운이었다.

생의 한가운데, 나는 누군가의 엄마이자, 엄마의 삶이 무엇인지 처음으로 이해한 누군가의 딸이다. 살아있는 한 우리는 애벌레이자 나비이고 고치다. 지금의 내가 될 수 있도록 나에게 정신적 고치를 지어주신 분들께, 특별히 류지석 교수님께 감사의 마음을 전하고 싶다.

다른 모든 것과 마찬가지로 가이아인 나는 오늘, 가이아의 삶에 어떠한 의미로 존재하는가. 나는 오늘 생명의 어떠한 표현이었는가. 이 책이 언젠가 어딘가에서 지을 새로운 고치의 나비 효과를 기대해본다.

2025년 5월

이아름